こだわりのポイントは コ コ ！

からだを正しく使った
移動・移乗技術

著 竹田幸司

中央法規

はじめに

　介護という仕事は肉体労働で「きつい」と思われがちです。実際に、ある介護現場の介護職のうち、80％程度の人が腰痛をもっているとの報告がされたこともあります。さらに、ベッド上での体位変換や移動介助、ベッドから車いすへの移乗介助は、ダイナミックな動きが要求され、転倒や転落といったリスクをともなうため「危険」というイメージももたれやすいといえます。

　その原因を探ってみると、ほとんどが力に頼った誤った介助を行っていることにたどり着きます。かくいう私も新人の頃、入浴介助の際に力任せの持ち上げる介助をした結果、ぎっくり腰を引き起こし、自身の未熟さを痛感したものです。それ以来、どうすれば腰痛を起こさない、負担の少ない移動・移乗介助ができるのか、介護福祉士養成教育にたずさわりながら考え続けてきました。

　私は、介護福祉士という資格が誕生して2年目のときに介護福祉士養成施設の学生でした。当時の介護福祉士養成教育は看護の先生によって行われていました。そのときに移動・移乗介助にはボディメカニクスを活用することと学びました。そこでは、利用者自身というよりも介助者が巧みにからだを活用することに主眼がおかれていました。

　その後、理学療法士（PT）等のリハビリ専門職により利用者自身の動作時の自然な動きを活用した移動・移乗介助が提唱され、一部の介護現場においても活用されるようになりました。しかし現状は、まだまだ認知度も低く旧態依然とした力に頼った介助が行われていることも少なくありません。

　一方で、介助者の負担を考慮してスライディングシート、トランスファーボード、リフトといった福祉用具の推奨や介護ロボットの研究にも余念がありませんが、こちらも介護現場への普及はあまり進んでいない状況です。このような福祉用具を必要としている利用者の方もたくさんおられますが、福祉用具を理解しな

いままでの安易な使用は自立の力を奪ってしまうことにもなるため、その導入には注意が必要となります。

そのような移動・移乗介助を取り巻く介護現場の状況を受け、本書では従来より用いられてきたボディメカニクスを見直し、本当に役立つ正しいからだの使い方を追求した「ボディメカニクス」に、人の自然な動きを活用する「動作介助」を組み合わせた新しい移動・移乗介助を提唱したいと考えました。

本書は、Part1 〜 Part4 の構成となっており、Part1 では正しいボディメカニクスの活用方法やからだの触れ方・動かし方を示しています。介助のこだわりとなってくる触れる位置、力の入れ方などをまずここから理解することができます。

以降、Part2 では「ベッド上での移動」、Part3 では「ベッド（車いす）から車いす（ベッド）への移乗」、Part4 では「車いすでの移動」というように実際の介護技術を解説していきます。

介助方法を示すにあたっては、先に自立の方法を示しています。特に介護現場で多くみられる片麻痺のある人を想定して示していますが、筋力が低下していたりして自立の動作ができない人にも活用できます。どのように動けば自立した動きが可能となるのか、写真と解説から学んでください。

その後に、自立の動きを応用した介助法を示しています。介助であっても、自然な動きにそった方法なので、利用者にとっても負担がかからず、継続していくなかで自立へとつなげることも可能です。ここでは、本当に正しいボディメカニクスの活用を目指した、からだの細部にわたる動きをていねいに解説しています。介助者の姿勢、てこの活用法、指先の力の入れ方、関節の動き等をふまえて利用者のからだに触れる位置、角度、支え方、介助の運動方向等をこだわりのポイントとして示しています。写真とともに、解説、こだわりのポイントを読んでいただくことで理解が深まると思います。

さらに、本書で示す介助は、動画で視聴できます。動画をとおして、実際の介助の流れを確認いただくことで介助が身につきやすくなると思います。

本書で示すこだわりのポイントを活かすことで、あなたの移動・移乗介助は驚くほどに変わると確信しています。一人でも多くの方に、日々の移動・移乗介助に役立てていただけることを心から願っております。

　最後になりましたが、本書の出版にあたり、中央法規出版の三浦功子さんには終始適切な助言を賜り、心より感謝申し上げます。

2021 年 5 月　竹田幸司

【動画について】

　本書の Part2、Part3 で示している介助は動画で確認することができます。QR コードは各介助の項目につけています。パソコン等からご視聴いただく場合は、本書の最後に掲載する URL からもアクセスすることができます。

目次

Part 2
ベッド上での移動

Part 3
ベッド（車いす）から車いす（ベッド）への移乗

Part 4
車いすでの移動

参考文献

著者紹介

動画 URL 一覧

Part **1**

移動・
移乗介助の前に

Contents

からだの使い方

からだを正しく使うために

◆ ボディメカニクスの大切さ

ボディメカニクスとは、人間の姿勢や動作のときのからだの骨格、関節、筋肉、内臓等の各系統間の力学的相互関係のことをいい、身体運動や動作のことを指します。

よいボディメカニクスとは、身体的特性が活かされて、からだにかかる負担を少なくし、かつ合理的に使える状態のことです。

たとえば、ウエイトリフティング（重量挙げ）というスポーツはバーベルを頭上に持ち上げる重量を競いますが、男子の最軽量級である 56kg 級の世界記録は、実に体重の 3 倍以上の重さのバーベルを頭上まで持ち上げて静止しています。

これは、単に筋力が強いからできることではありません。ボディメカニクスの定義である、姿勢や動作のときのからだの骨格、関節、筋肉、内臓等の各系統間の力学的相互関係が絶妙にそろい、さらにタイミングや瞬発力、フォームなど全体のバランスが整わないとバーベルを持ち上げることはできません。

つまり、ボディメカニクスが正しく使えることによって、からだにかかる負担を少なくし、かつ効果的な力を発揮することができるようになります。

◆ ボディメカニクスを身につける

ボディメカニクスは全介助が必要な場面であったり、効果的に力を伝える必要があったりするときなど、介護現場で活躍する場面がたくさんあります。特に利用者のからだを動かす移動や移乗といった介助においてボディメカニクスを身につけておくことは必須となります。また、正しいからだの使い方を知っておくと日常生活のなかでも大いに役立ち、正しい姿勢の保持、腰痛の予防といった観点

からも有意義なものとなります。

　ウエイトリフティング（重量挙げ）は動かないバーベルを扱いますが、介護の対象は人であるため、その人の動きを引き出し、活用していく自立の視点をもつことが大切になります。まずは、正しいボディメカニクスをしっかり身につけることを心がけましょう。

本当に正しいボディメカニクスの活用（ボディメカニクスの原則）

　一般的に伝えられているボディメカニクスの要素をより効果的に発揮するためには、細かい部分まで気を配る必要があります。移動・移乗介助においてどのように活用されているのかもふまえて解説していきます。

1 支持基底面積を広くとる

　支持基底面積とは、からだを支えるための基礎となり、床面と接している部分を結んだ範囲のことをいいます。**支持基底面積は広くする**ことで安定します。

　試しに、次の4つの姿勢をとり、どの姿勢が一番維持できるかやってみましょう。①片足つま先立ち、②片足立ち、③両足をそろえて立つ、④肩幅に足を広げて立つ。

　結果は、④の肩幅に足を広げて立つになったことでしょう。この4つの姿勢を支持基底面積として表してみると次のようになります。

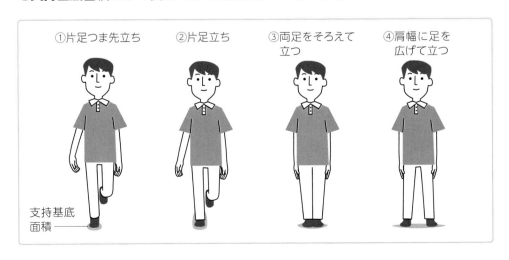

①片足つま先立ち　②片足立ち　③両足をそろえて立つ　④肩幅に足を広げて立つ

支持基底面積

足先を広げ、支持基底面積を広くとることでより安定した姿勢をとることが可能になります。介助に応じて、足を前後・左右、斜めといった具合に足を広げて安定した姿勢をとることが大切です。

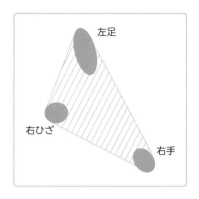

また、ベッド上での移動介助のときに、ベッドに手をつく、ひざをのせるといった方法をとると、支持基底面積が広がり安定した姿勢の確保とともに力を発揮しやすくなります。

ポイント！

つま先は若干開いて、足の小指と薬指に重心をおきます。小指や薬指は足にかかっている重みを支えるのに適している部位であり、足を動かす際にアクセルの役割を果たすといわれています。

立位や中腰の姿勢をとる際には、小指と薬指に重心をおくことでブレずに安定した姿勢を保持することに役立ちます。

一般に親指に力を入れることで姿勢を安定させたり、力が出せるというイメージをもつことが多いと思いますが、親指に力が入っているとからだにブレーキをかけてしまい、効果的に力を発揮することができません。親指には力を入れず、小指側に重心をおくイメージをもつようにしましょう。

2 重心を低くする

重心は低いほど安定します。さまざまなスポーツにおいても腰を落として重心を低くすることが推奨されています。重心を低く保つことで姿勢の安定とともに力を生み出しやすくなるのです。

一般に重心を低くするためには、ひざを曲げて、腰を落とした姿勢をとればよいのですが、その前に骨盤の位置に注意する必要があります。

日本人は立位の姿勢時に骨盤が後傾している人が多いといわれていますが、骨盤が後傾している状態のまま腰を落としても効果的な力を生み出すことができません。骨盤を立てた状態をとってからひざを曲げ、腰を落とすことが大切です。

骨盤が後傾している状態

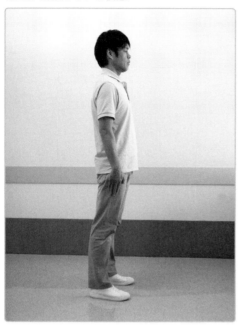

骨盤を立てた姿勢

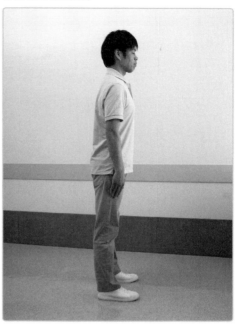

❗ 重心を低くする正しい方法

①立位の状態で肩幅に足を広げ、つま先を若干外に開き、小指と薬指に重心をおきます。

②次に鼠径部に両手の手先を置き、軽く押しこんで股関節から上体を曲げます。

③ひざを曲げ、腰を落とします。

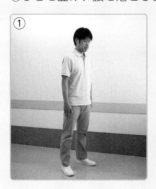

3 重心移動を活用する

手先や腕の力に頼らず、腹筋や背筋といった体幹部、大殿筋や大腿四頭筋（大
腿部前面の筋群）、ハムストリングス（大腿部後面の筋群：大腿二頭筋・半腱様
筋・半膜様筋）等の**大きな筋肉を活用**するようにします。

動かす方向に足先を向け、重心移動を行うことでからだを動かします。その
際、重力に逆らうように持ち上げようとすると腰に負担がかかります。大きな筋
群を活用し、**持ち上げずに水平に引く**ようにします。

大きな筋肉の位置

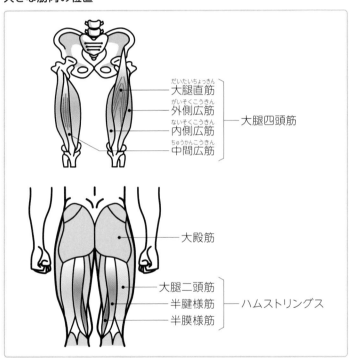

4 重心を近づける（利用者に近づく）

介助者は利用者にできる限り近づくことで双方の重心が近くなり、からだにか
かる負担が少なくなります。

試しに、かばんなどの物を用意し、立った姿勢で両腕を伸ばして持ってみま
しょう。すぐに腕がきつくなりませんか。次に、ひじを曲げかばんをからだに密
着させた状態で持ってみてください。かばんがからだに近づいたことで、腕や肩

にかかる負担が減り今度は楽に感じ、負担の少なさを実感できると思います。

両手を伸ばして持つ

ひじを曲げからだに密着して持つ

腕や肩にかかる負担が少なくなる

⑤ 体幹部をねじらず、骨盤と肩を平行に保ち、背筋を伸ばす

　体幹部をねじると、力を出しにくく、脊柱（せきちゅう）に負担がかかり腰痛の原因となります。動かす方向に正対するように位置し、**骨盤（こつばん）と肩のラインを平行に保つように**します。

　また、背筋が曲がった状態での介助も腰痛の原因となるため、**背筋を伸ばす**ようにします。その際、息を吐くときも**お腹の外に圧をかける**ようにすることで、腹圧が高まり、体幹部が支えられます。無理なく自然に背筋を伸ばすことができ、力が入りやすくなります。

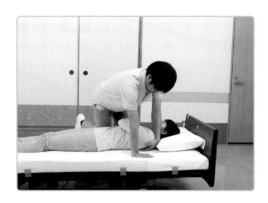

6 からだを小さくまとめる

　支持基底面積が広いほど姿勢は安定します。しかし、利用者のからだを動かす場合、利用者の姿勢は不安定な状態にあったほうが楽に動かすことができます。

　寝返りの介助を行う際、利用者の手をからだの上に置く、ひざを曲げ体幹部に近づけるなど、からだを小さくまとめることでベッドとの接地面積が小さくなり、少ない力で寝返りをすることができます。

7 数回に分ける

　仮に体重100kgの人を一度に引いて動かそうとすると100kgの重みがかかり、からだに負担がかかります。そこで、からだの部位を、頭部から肩甲骨の下部、骨盤まわり、下肢というように3つのブロックに分け、3回に分けて引くように動かすことでからだにかかる負担を少なくして動かすことが可能になります。

1

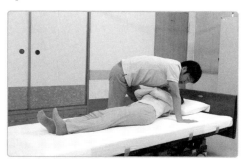

2

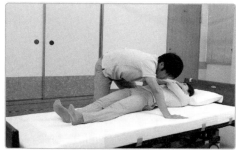

3

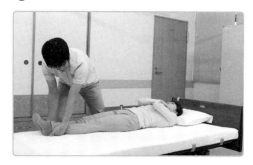

8 てこの原理を活用する

てこの原理は、移動・移乗介助のあらゆる場面で活躍します。てこの原理を活用することで、小さい力でからだを動かすことが可能になります。

また、支点をつくることで姿勢が安定し、からだの一部にかかる負担を分散させることができます。

> **❗ てこの原理の活用方法**
>
> 本書の移動・移乗介助は、すべて 40cm の低い高さのベッドで実施しています。ベッドは介助者の腰の高さともいわれたりしますが、40cm の高さでもからだに負担を感じることなく楽に介助することができます。むしろ高いベッドより負担は少ないと感じます。
>
> その理由に、てこの原理の活用があります。詳しくは、Part2 以降の各移動・移乗介助の解説で説明していきますが、ここでは**ベッドの上に「ひざをのせて、ひざを支点とする方法」「手をついて、手を支点とする方法」**について解説しておきます。

● ひざを支点にする

　ベッドの高さが低い状態で介助者の両足を床につけたまま介助を行おうとすると中腰状態になり、腰部に支点がおかれ、腰部や脊柱にかかる負担が大きくなります。必然的に脊柱起立筋や大殿筋にかかる負担も増すため腰痛を引き起こす原因となります。

　低いベッドでの介助で中腰にならないようにするためには、ベッドの上に片ひざをのせ、ひざを支点にすることが大切です。のせたひざに支点が移ることで腰部や脊柱にかかる負担が少なくなります。さらに、ベッドの上にひざをのせることで利用者に近づくことができ、背筋を伸ばし、腹圧を高めやすくなり、力を発揮しやすい姿勢をとることが可能となります。

✖ 中腰の姿勢での介助	⬤ ベッドにひざをのせた姿勢での介助
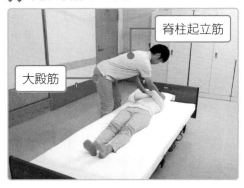	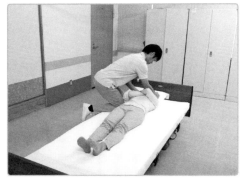

● 手を支点にする

　ベッドの片側への移動や寝返りの介助を行う際、ベッドの上に片手をつき支点とすることで、介助者の上体の重力を支え、脊柱や腰部にかかる負担を軽減することができます。支持基底面積も広がり、安定した姿勢の確保とともに力を発揮しやすくなります。

　ベッドに手をついたあと、**ひじから先の前腕を回外**（小指側にねじるようにまわす）させ、**小指と薬指に重心をおいて体重をかける**ようにすることで、てこの支点が安定し、反対側の上肢で行う動作がしやすくなります。

　また、上腕の裏側（上腕二頭筋）や、わきの下から肩甲骨にかけてのゆるみがなくなり、上体全体が安定します。

✖ 手をつかない場合（中腰での介助）　　　● 手をつく場合（安定した姿勢での介助）

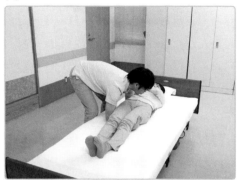 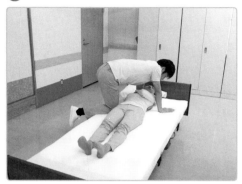

! 手の前腕の回外のさせ方

①手をベッドに対してまっすぐつきます。
②ひじから先の前腕を小指側にまわし、小指、薬指に重心をおき力を入れ、体重を
　かけます。

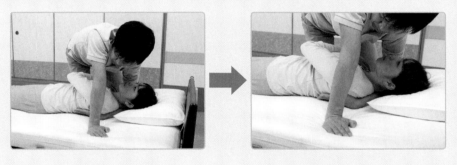

ベッドの高さ

ベッド上での移動・移乗介助は介助者の腰の高さで行うことが推奨されていました。しかし、腰の高さで介助を行うためにはベッドの高さを上げなければなりません。筆者は身長177cmで股下は80cmあります。そうすると、筆者に適したベッドの高さは80cmということになり、現在市販されている介護用ギャッチベッドの最も高い位置にあたります。

80cmの高さで介助される利用者の心理はどうでしょうか？

恐怖感を抱いてもふしぎではありません。また、その高さから転落するようなことがあれば大事故に至るのは必至です。さらにベッドは寝て過ごすだけのものでなく、起き上がり、座って、離床していくことが求められます。

利用者がベッドに端座位となり、立ち上がるためには、ベッドの高さは履物を履いて床に足底がつき、足首、ひざ、股関節の角度が90度となるのが理想です。その点から考えるとベッドの高さは35cmから45cmに落ち着くといえるでしょう。

もちろん、介助の場面ごとにベッドの高さを調整するといったことも考えられますが、少なくとも仰臥位（背臥位）から端座位への起き上がりの介助を行う際はベッドを低くしておく必要があります。

低い状態のベッド

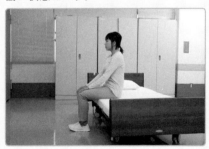

介助者に合わせた高い状態のベッド

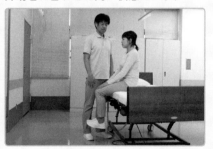

竹田流②
からだへの触れ方・支え方

からだに触れるときは手のひらを用いる

　人のからだに触れるときは指先を使わずに、手のひらを用いるようにします。指先でからだをつかむと、痛みや不快感が生じるため筋肉が緊張して収縮してしまいます。動かそうとする力に対し反発するため、スムーズな介助ができなくなります。結果として力任せの介助となり、利用者・介助者双方にとって負担の大きい介助となってしまいます。

　からだに触れるときは手のひらの中央にくぼみをつくり、骨や関節の固い部位をつつむように支えます。

手のひらのあてる位置

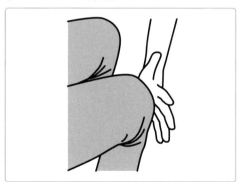

腕の支え方

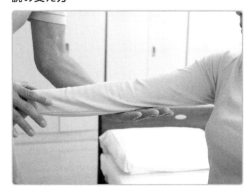

肩の支え方

ただし、本書のベッドの上方向への移動介助やベッドの片側への水平移動においては、指先を使用してフックをかけるイメージで骨に引っかけるようにしています。水平に引く際に滑って、介助者の手だけ動いてしまうのを防ぐためです。

　からだに触れて力を入れてもよい場所は、身体のかたいところ、たとえば骨盤であったり、肩甲骨や坐骨といった大きい骨になります。

ポイント！

　指先といっても使用する指は小指、薬指、中指の３本です。小指は上肢を動かす際にアクセルの役割を果たします。また薬指も、小指に次いでアクセルといえます。反対に親指はブレーキの役割があります。中指はちょうどアクセルとブレーキの中間にあるためニュートラルととらえ、直接的に動きに対して活躍するわけではありませんが、支えの安定として使用します。

❗ 正しい指先の使い方

　肩甲骨や坐骨に対し、小指、薬指の順に重心をおき、中指は軽く添えておくだけにします。人差し指と親指は使う必要はなく、使用することによって、かえってスムーズな動きを阻害してしまうことを覚えておくとよいでしょう。

小指はアクセル、親指はブレーキ

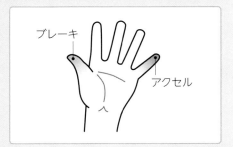

指先の使い方

関節の支え方

　関節は上からつかんではいけません。下から受けるようにやさしく支えます。また、肘関節や膝関節というように一関節のみで支えた場合、腕先や足先に重みがかかり、支えも安定しません。手関節と肘関節、足関節と膝関節というように二関節を同時に支えるようにします（関節2点保持）。

◯ 二関節を同時に支えた場合

手関節と肘関節の支え方

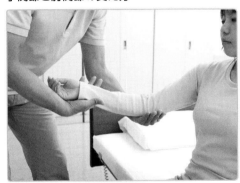

足関節と膝関節の支え方

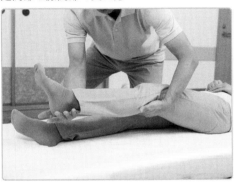

✖ 一関節のみ支えた場合

肘関節のみ

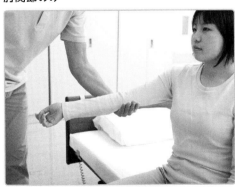

膝関節のみ

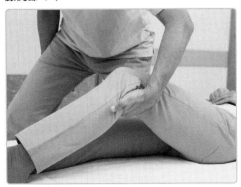

からだの動かし方

自然な動きを活用する

　最初に例であげたウエイトリフティング（重量挙げ）では、扱うバーベルは動かないものであるため、100％競技者の力にゆだねられることになります。それに対し、介護を必要とする人は自ら動くことが可能な存在です。

　介助者のからだの使い方に視点をおいたボディメカニクスを活用することで、からだにかかる負担を少なくし、かつ効果的な力を発揮することができます。そして、からだの細部にまでこだわりを加えたり、支え方に配慮したりすることで利用者・介助者双方にとってより楽で負担の少ない介助とすることが可能となります。

◆ 自然な動きにそった動き

　人はだれに教えられるわけでもなく、成長の過程において、寝返り→四つ這い→片ひざ立ち→立位→歩行といった順に移動に必要な動作を獲得していきます。そして、そこには一般的に共通する自然な動き（動作のパターン）が存在しています。

　たとえば、寝返りをするときに首から動いて動作を誘導していたり、立ち上がりの際には足を引き、上体を前かがみにさせ重心移動をともなうことなどがあてはまります。

寝返りの際の動き

寝返る方向に首を向ける

肩が持ち上がる

骨盤をまわす

肩をまわす

立ち上がりの際の動き

立ち上がりの際に足を引く

上体を前かがみにする

　移動・移乗の介助において、この自然な動きのパターンにそって介助を行って

いくことにより、介助者はさらに楽で負担の少ないものとなり、利用者は慣れた

動作のパターンにそって動くためスムーズさと心地よさを感じることにつながります。

残存機能（現有機能）を引き出し活用する

　介護を必要とする人のなかには、加齢にともなう筋力低下や認知症、さまざまな疾患や障害によって要介護状態となっている場合もあります。しかし、すべての機能が奪われているわけではなく、残されている、現在もなお有している機能（残存機能（現有機能））があります。

　その機能を最大限引き出し活用することで、介助を減らすことが可能となり、自立した動作を取り戻していくことに役立ちます。最も適切な介護とは、介助者が必要以上に手を加えるのでなく、利用者自身の力によって行為がなされることといえます。

　そのために介助者は、残存機能（現有機能）を活用した自立に向けての方法を熟知し、適切でていねいな説明と声かけを行う力を身につける必要があります。

力の伝え方

◆ 必要に応じて介助者の力を加える

　移動・移乗の介助においては、できる限り利用者自身の力を活用することが基本となります。必要に応じて介助者の力を加えていくことになりますが、まずは、利用者の動き出しを待つことが求められます。

　介助時の声かけの例として一（いち）・二（に）の・三（さん）がありますが、三の時点で介助者もいっしょに力を加えてはいけません。

　利用者が動き出す、あるいは力が加わったときを感じ取り、タイミングを合わせて介助者の力を加えていきます。

　利用者自身が力を加えることができない場合は、特に動作の開始時に強い力を加えないよう心がけます。強い力を加えると、それだけ利用者のからだに負担が

かかり、痛みを与えてしまうことになりかねません。

◆ 強い力を加えるのを防ぐ

　強い力を加えるのを防ぐためには、まず、触れてよい部位（骨盤や肩甲骨等）を正しく支えることが必要となります（▶P13）。

　しかし、触れてよい部位を正しく支えることができても、介助者の上肢の筋肉や関節にゆるみがある状態だと、最初に介助者の筋肉が収縮してしまいます。そして、追いかけるように利用者のからだに力が伝わることになります。このタイムラグによって力が逃げてしまうため思うように動かせない原因ともなります。

　そこで、正しく支えるだけではなく、介助者の手が利用者のからだにダイレクトに力を加えることができる状態にしておくことが必要です。その状態にするには、あらかじめ介助者の上肢のゆるみをとっておくようにします。

介助者の上肢のゆるみをとる方法

①手の前腕を小指の方向に向かってひねる回外の動作を行います。
　→そうすることで前腕から上腕、肩、肩甲骨と上肢が一体的に収縮し、ゆるみが
　　とれた状態となるためダイレクトに力を加えることができるようになります。
②小指、薬指に力を入れます。
　→小指と薬指はアクセルの役割を果たすため、力を入れることで上肢から肩甲骨
　　までスムーズに動かすことにつながります。反対に、親指はブレーキをかけて
　　しまうため力を加えないよう注意します。

前腕を回外させる

小指、薬指に力を入れる

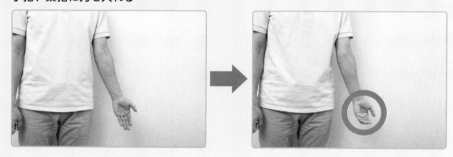

Part 2

ベッド上での移動

Contents

頭部の支え方

　枕の位置を動かしたり、ベッド上で移動介助を行ったりする場合、頭部の支えはベッド上での移動の大きな部分となります。首にストレスをかけずに手を差し入れるには、頭を支え、持ち上げる介助が必要になります。

【介助方法】

1 介助者はベッドに近いほうのひざをベッド上にのせる

介助者は片方のひざをベッド上にのせることで、腰にかかる負担を逃します。

2 頭部を下から支える

頭部の両側から手のひらを添わせ、頭部を下から支えます。

3 頭を静かに持ち上げ、片手で後頭部を支える

一方の手は、枕の位置を調整したりと、自由に動かせるようにします。

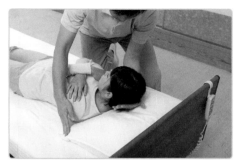

ベッドの上方向への移動介助

　ギャッチアップでのからだのずり落ちなどが原因で、ベッドの下部にからだが位置している場合、ベッドの上方向へとからだを引き上げる移動介助が必要になります。

◆ 人の自然な上方向への動きを知る

　人がからだを上方向に動かす場合、ひざを立て、腰を浮かして左右に倒しながら移動します。また、ヘッドボード等つかまるものがあればそれを握り、手の力で引き上げる場合もあります。

1

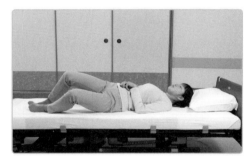

2

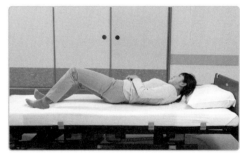

3

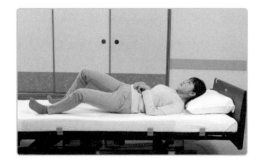

◆ 自立に向けた方法 (片麻痺の場合)

　自然な動きを活かすことで自立につなげることが可能になります。ここでは、健側の上下肢を活用できる場合の自立の方法を示します。片麻痺の場合、麻痺のない健側を十分に活用することが大切です。

1 健側のひざを立てる

かかとを臀部に近づけてもらいます。
健側の手でヘッドボードを握ります。

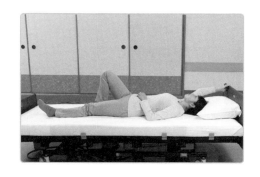

2 臀部を持ち上げる

健側下肢に力を入れてもらい、臀部を
持ち上げます。
臀部をしっかり上げることが難しい場
合は、介助者が下から臀部を支えます。

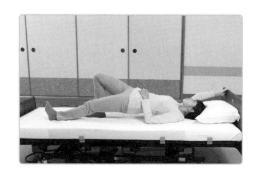

3 ベッド面を蹴り、ヘッドボードにからだを引き寄せる

かかとをベッドに押しつけるように力
を加え、ベッド面を蹴ります。
蹴るのに合わせてヘッドボードを引き
寄せ、ベッドの上方向にからだを移動
します。

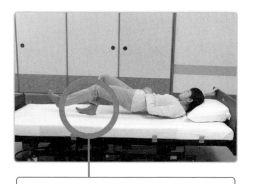

補助が必要な場合、介助者は、かかとが動かないように支えて固定する。滑り止めシートを敷くのも効果がある

◆ よく行われている介助方法

1 肩と臀部を平行に支え、下半身の重心移動によって上方向へ移動します。

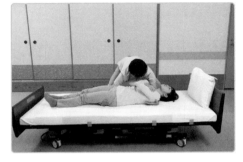

 問題点

動く方向に反した向きで支えている！

動かしたい方向に対して、介助者の両腕は反した向きで平行に支えているため、力が伝わりません。

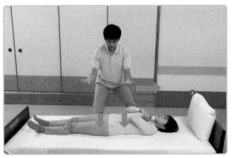

2 ヘッドボードを取り外し、両肩甲骨を支えて、上に引き上げます。

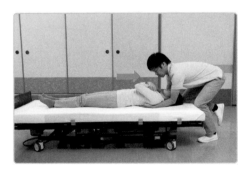

問題点

からだの負担が大きい！

力と方向は一致しますが、からだ全体の重みを肩甲骨で受けるため負担が大きくなります。

ヘッドボードを取り外す手間もかかります。

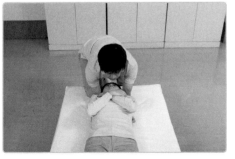

◆ 骨盤まわりにかかる重さを小さくする方法

【からだにかかる重さの比重】

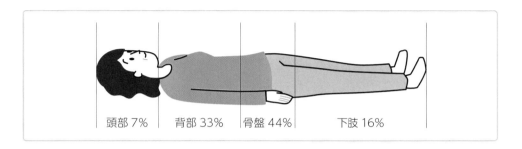

頭部 7%　背部 33%　骨盤 44%　下肢 16%

　上の図は臥床（がしょう）した際に、からだにかかる重みの比重を示したものです。骨盤（こつばん）まわりは44%とからだの半分近くの重みがかかっていることがわかります。介助の際には、この骨盤まわりにかかる重さを小さくすることが楽に動かす方法になります。

【骨盤まわりにかかる重さを小さくする方法】

1 介助者はベッドサイドに立ったときの頭側の手で、利用者の肩甲骨を深く縦に支えます。

2 足元側の手で手前側の坐骨結節（ざこつけっせつ）を支えます。

　※坐骨結節：いすに座ったときに座面に接し、体重を支える部分

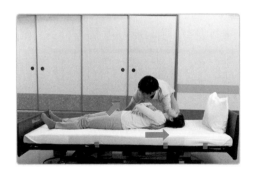

3 肩甲骨を支えた手は上に、坐骨を支えた手は横に引くようにします。

骨盤まわりにかかる重さが小さくなり、からだは斜め上の方向に移動する

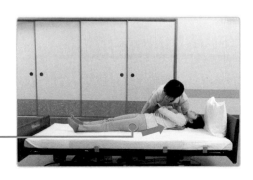

動画はここから

◆ ベッドの上方向への移動介助

骨盤まわりにかかる重さを小さくする方法を用いた、ベッドの上方向への移動
介助を示します。ベッドの上方向への移動を自力で行うためには、ひざを立て、
足でベッドを蹴る力や腕の力でヘッドボードを引く力が必要となります。介助を
必要とする人のなかには、ひざを立てることができなかったり、腕の力が弱かっ
たりする場合があります。その場合、介助者が全介助で行うことが求められます
ので、より介助者に負担のかからない介助法を身につける必要があります。

1 頭側の手を首の下から差し入れる

介助者はベッドサイドに立ったときの
足元側のひざをベッドにのせます。
足元側の手で利用者の頭部を支え、首
の下から頭側の手を差し入れます。

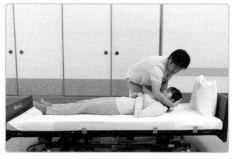

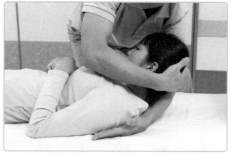

2 肩甲骨を支える

利用者の肩を上げてすき間をつくり、
肩甲骨を深く縦に支えます。
肩甲骨を支えた手は回外（小指側にね
じるようにまわす）させます。

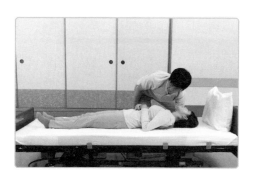

👆 こだわりはココ！

小指、薬指の順番で力を入れ、
中指は添える

❓ なぜ

小指はアクセル、親指はブレーキ

小指は動きをスムーズにするアクセル
の役割があります。反対に親指に力を
入れると動きにブレーキがかかりま
す。上肢および上体の動きをスムーズ
にするためには、小指、薬指の順に力
を入れ、中指は添えておくようにして
骨にフックをかけるイメージで支えま
す。

3 坐骨結節を横から支える

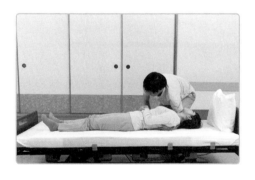

介助者はのせるひざを頭側のひざに変
え、利用者の坐骨結節を横から支えま
す。
坐骨結節を支えた手の前腕を回外させ
ます。

👆 こだわりはココ！

ひざをベッドにのせる

❓ なぜ

からだへの負担を少なくする

ひざをベッドにのせることで利用者と
の距離が近くなり、腰にかかる負担が
少なくなります。

手の前腕を回外させる

力がダイレクトに伝わる

手の前腕をひねると力が強く出せます。上肢の筋肉を収縮させることで上肢のゆるみがなくなり、支えた部位に力がダイレクトに伝わります。

4 からだをベッドの上方向に引き上げる

外側へ弧を描くように力を加え、ベッドの上方向に引き上げます。

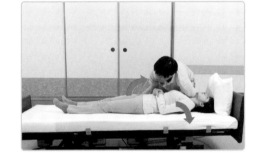

弧を描いて引く

上方向に引き上げやすい

肩甲骨を支えた手で上方向、坐骨結節を支えた手で横方向に引いた場合、利用者のからだは斜め上の方向に動きます。その後、体位変換を行う場合はよいのですが、純粋に真上の方向に引き上げる場合には、以下の工夫が必要です。

まっすぐベッドの上方向に引き上げる場合、外側に弧を描くことで、引き上げることが可能になります。

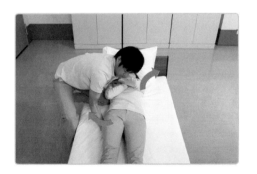

その際、肩甲骨を支えた手を外側の方向に弧を描くように上方向に引きます。同時に、坐骨結節を支えた手を手前に引き寄せながら、弧を描くように上方向に引くようにします。

5 適切な位置になるよう調整する

ベッドの上方向の適切な位置まで引き上がるように調整します。

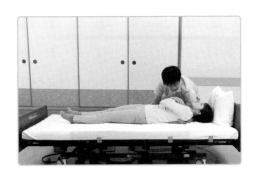

ベッドの片側への移動介助

　体位変換のときにベッドの中央に側臥位にするためには、いったんベッドの片側にからだを移動させることが必要になります。また、ベッド上での位置を修正する際にも横方向への移動介助を用います。

◆ 人の自然な横方向への動きを知る

　一度にからだ全体が横に移動することはなく、徐々に動かしながら横に移動しています。たとえば、上半身、骨盤、下肢の順に動かしたり、反対に下肢、骨盤、上半身の順に動かしたりして移動します。ゴソゴソ、モゾモゾと少しずつ横方向にからだをスライドさせることもあります。大きく移動する際には、ひざを立て、骨盤をブリッジさせて動かしたりもします。

【自然な片側への移動例】

1　足先を移動する方向に動かし、両ひざを立てます。

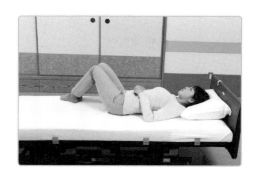

2　骨盤をブリッジさせます。

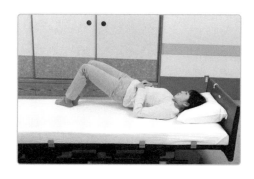

3 骨盤を移動させます。

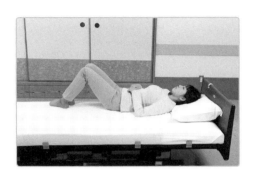

◆ 自立に向けた方法（片麻痺の場合）

　先に示したブリッジの方法を、健側の上下肢を活用して応用することで片麻痺のある人も自立での移動が可能になります。

【健側への移動】

1 健側の足を患側のひざ下に差し入れる

健側の足を患側のひざ下に差し入れます。足先まで伸ばして足首を立てます。

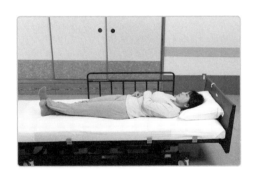

2 健側の足で患側の足を支える

健側の足で患側の足を支えながら、ベッドの端まで動かします。

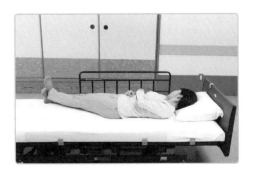

3 骨盤をベッドの端に動かす

健側のひざを立て、骨盤をベッドの端
に動かします。

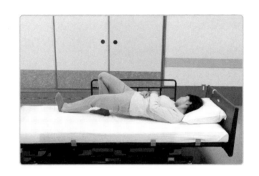

4 サイドレールを把持する

健側の手でサイドレールを把持しま
す。

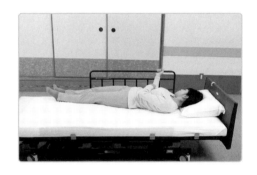

5 サイドレールを引き、からだ
を動かす

サイドレールを引き、からだをベッド
の端に動かします。

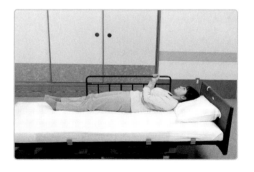

【患側への移動】

1 患側のサイドレールを 把持する

患側にあるサイドレールを健側の手で把持します。

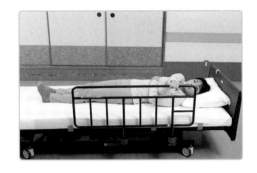

2 健側の手でサイドレールを 引く

健側の手でサイドレールを引き、患側のほうのベッドの端まで上体を移動します。

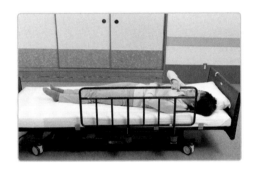

3 骨盤を浮かせる

健側のひざを立て、ブリッジして骨盤を浮かせます。

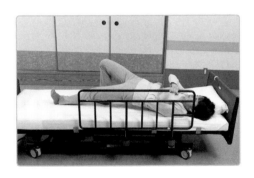

4 骨盤をベッドの端まで動かす

浮かせた骨盤を患側のベッドの端まで
動かします。

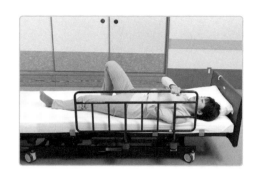

5 下肢をベッドの端に移動する

骨盤を動かしただけでは、下肢はまだ
ベッドの端に移動できていません。
健側の足裏で患側のひざの内側を押
し、下肢をベッドの端に移動します。

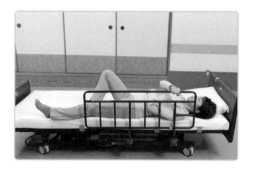

◆ よく用いられるボディメカニクス（てこの原理）を活用した方法

　ベッドの片側への移動介助には、ひざをてこに活用した方法が用いられます。てこの原理を用いることに問題はないですが、からだを正しく使えていない介助になっていることがあります。

1　ベッドの側面にひざをつけ、肩と腰部を支え、からだを密着させます。

問題点

腰部の下に手を入れにくい！

肩を支えた状態で腰部に手を差し入れることになるため、ベッド面とからだのすき間をつくることができず、腰部の下に手を入れにくくなります。

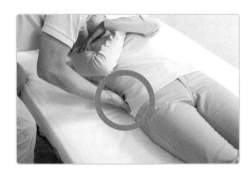

問題点

ベッドの環境が合っていない！

てことして活用するひざとベッド環境が合わない（たとえば、ひざをあてることができないベッドの側面など）場合、ひざを十分に側面にあてることができないため力が伝わりにくくなります。

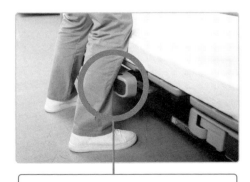

すねがベッドの側面にあたっている

腰を落としてからだを引きます。

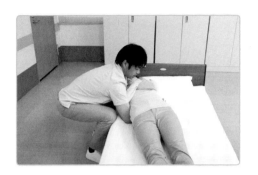

問題点

腰を落として引くことは、てこを使ったものなので問題はありません。ただし、腰部の下に手を入れにくい状態であったり、ひざをベッドの側面にしっかりあてられないベッド環境では使うことができない方法になります。

動画はここから

◆ ベッドの片側への移動介助（介助者の上肢をてことして活用する方法）

　よく用いられてきたてこの原理を活用した方法では問題点もあることをふまえて、介助者の上肢をてことして活用する方法を用いたベッドの片側への移動介助を示します。

　この方法は利用者のからだの下に手を入れやすく、ベッドの環境に影響されません。また、介助者の一方の上肢をベッドに押しつけ、てことすることで支持基底面積が広がり姿勢が安定し、腰にかかる負担を逃がすことができます。

　この介助法は全介助に近いですが、自立の動きに合わせて利用者ができる動作（ひざを立ててもらう、介助者の肩に手をまわしてもらう等）を促すことで、自立に向けた支援にもつながります。

1 頭側の手を首の下から差し入れる

介助者はベッドサイドに立ったときの足元側のひざをベッドにのせます。
頭側にあたる手を利用者の首の下から差し入れ、首から肩甲骨_{けんこうこつ}にかけて背部を斜めに支えます。
一方の手は利用者の肩口からベッドにつきます。

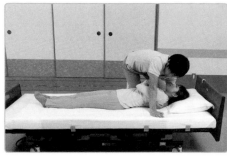

2 上体を引き寄せる

ベッドについた手の前腕を回外（小指側にねじるようにまわす）させ、ベッドを押しつけたまま、背部を支えている手で上体を引き寄せます。

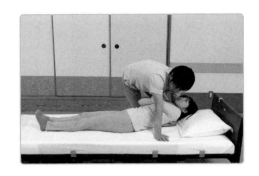

👆 こだわりはココ！

ベッドについた手の前腕を回外させる

❓ なぜ

ねじると力が強くでる

ベッドについた手の前腕を回外させたうえで、ベッドを押しつけます。
ねじると力が強く出せるため、介助者の腰にかかる負担が軽減します。
また、てこの支点が安定することで、もう一方の手で上体を引くことに集中して力を加えることができます。

3 骨盤を支える

腰部から手を差し入れ、骨盤を支えます。一方の手はベッドにつきます。

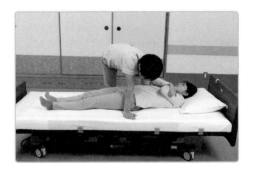

👆 こだわりはココ！

腰部への手の差し入れ方

ベッド面とからだのすき間をつくり手を差し入れることで、利用者の不快感を軽減させることができます。

【手の差し入れ方】

①足元側の手を骨盤に差しこむ

足元側の介助者のひざをベッドにのせます。頭側の手で利用者の腰部を軽く上げ、足元側の手を骨盤に差しこみます。

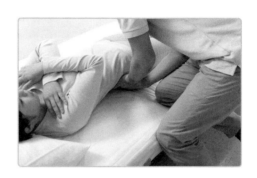

②ひざを利用者に近づける

ひざを利用者に近づけ、骨盤に差しこんだほうのひじを大腿部につけます。

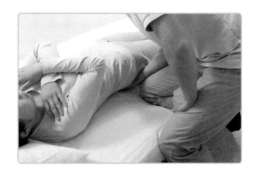

③骨盤を浮かせる

大腿部につけたひじをてこの支点にし、骨盤を浮かせます。すき間のできた腰部から頭側の手を差し入れます。

4 骨盤を引き寄せる

ベッドについた手の前腕を回外させ、ベッドを押しつけたまま、骨盤を支えている手で骨盤を引き寄せます。

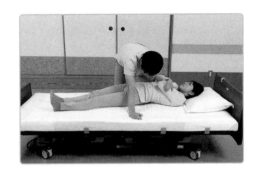

ベッドについた手の前腕を回外させる

ねじると力が強くなる

ベッドについた手の前腕を回外させたうえで、ベッドを押しつけます。

ねじると力が強く出せるため、介助者の腰にかかる負担が軽減します。

また、てこの支点が安定することで、もう一方の手で骨盤を引き寄せることに集中して力を加えることができます。

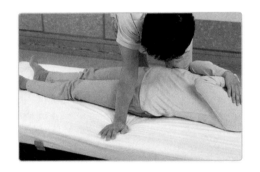

5 足を下から支える

足を下から支え、ベッドの端に動かします。

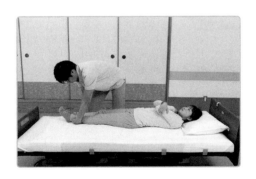

寝返り（仰臥位⇒側臥位）の介助

◆ 人の自然な寝返りの動きを知る

　丸太が転がるように一度にからだ全体が寝返ることはありません。多くの場合、頭（頸部）→肩→体幹→骨盤→下肢の順に、からだの部位が分節的に連動して寝返りを行います。

ポイント！

　寝返りをするときは、真横の方向には動いていません。そのため、介助者が手を持って真横の方向に引いても、

骨盤は動かないままです。手を持って、肩を浮かせたあと、斜めの方向に引くと骨盤が動いて寝返りができます。

❌ **手を持って真横の方向に引く**

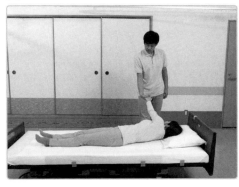 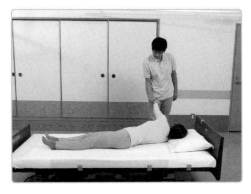

⭕ **手を持って、肩を浮かせたあと、斜めの方向に引く**

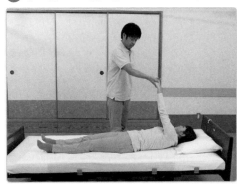 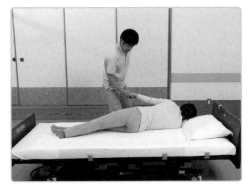

【自然な寝返り】

1 寝返る方向に顔を向けます。

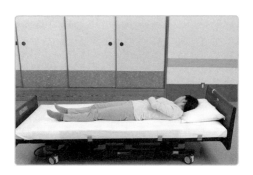

2 肩が持ち上がり、斜めの方向にまわりはじめます。

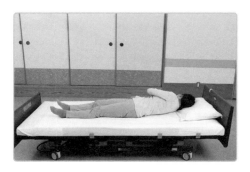

3 体幹がまわります。

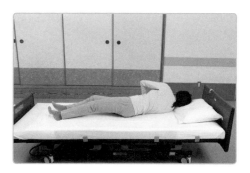

4 骨盤がまわります。

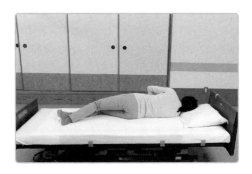

5 下肢がまわります。

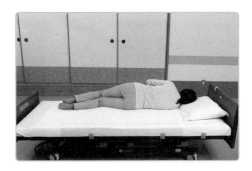

◆ 自立に向けた方法 (片麻痺の場合)

　自然な寝返りのパターンに合わせ、健側の上下肢を活用することで片麻痺のある人でも自立した動きが可能になります。

1 健側の手で患側の肩を支える

健側の手で患側の肩を支えます。
自力で動かない、または動かしにくい患側を健側の手で動きを誘導するために活用します。

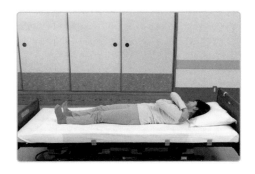

2 健側下肢を患側のひざ裏に差し入れる

寝返りしやすいように健側下肢を患側のひざ裏に差し入れ、健側のつま先を立てます。

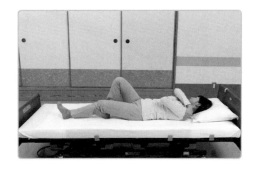

3 寝返る方向に顔を向ける

頭を浮かせ、寝返る方向に顔を向けます。

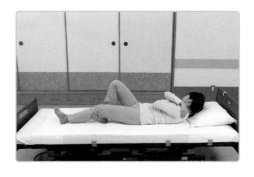

4 健側の手を斜め45度の方向に引く

人が寝返りを行う際の自然な動きとして、肩は真横ではなく斜め45度の方向にまわります。その自然な動きに合わせ45度の方向に利用者を誘導します。

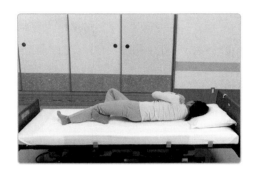

5 健側下肢を寝返る方向に倒す

患側のひざ裏に差し入れていた健側下肢を寝返る方向に倒して、寝返りします。

その際、立てていたつま先が引っかかり、患側下肢もいっしょにまわります。

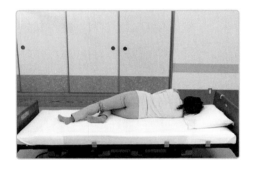

◆ よく行われている介助方法

1 両腕を胸の上で組みます。

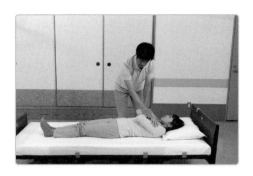

2 両ひざを立てます。

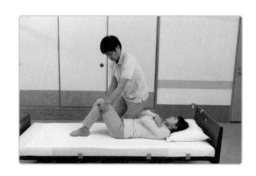

ひざを立てる前提になっている!

・ひざを立てる前提での介助となるため、ひざを立てることができない人には介助できません。

・ひざを立てられない場合、骨盤を支えてまわすことになりますが、最初に重い骨盤を動かすのは負担がかかります。

下半身から動かしている!

下半身から動かしている介助となるため、頭部が最後に残ります。人間の動作は頭部先行が基本となるため、頭部を含めて上半身から動かしていくようにします。

自立の動きに反した方法である!

自然な寝返り動作とは違い、介助者主導の方法であるため自立につながりません。

3 ひざを支え、寝返る方向に倒します。

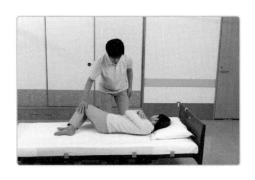

4 肩を支えます。

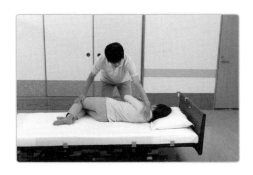

5 肩を引き、寝返りします。その後、側臥位の姿勢を保持します。

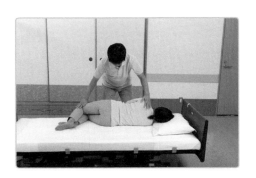

◆ 寝返り（仰臥位⇒側臥位）の介助

　自然な寝返りのパターンにあったように、動作の基本となる上半身から寝返りを行っていく介助を示します。

1 寝返る方向に顔を向ける

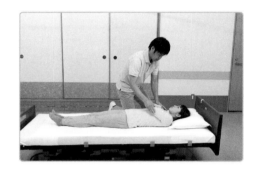

寝返る側の利用者の手をからだから30度開きます。開いた手の間にくるように、ベッドサイドに立ったときの足元側の介助者のひざをのせます。
もう一方の利用者の手は肩に置き、両下肢はとじます。

👆こだわりはココ！

あごを引き、寝返る方向に顔を向ける

❓なぜ

頭の向きから本来の動作を導く

寝返りの動作は頭（頸部）が先行します。

頭の向きにより動作を導きます。その際、あごを引くようにします。肩は真横ではなく斜めの方向にまわります。あごを引いておくことで肩がまわりやすくなります。

また、肩の上に置く手はなるべく肩口まで上げます。肩口まで手を上げることで、肩がベッドから離れ、まわりやすくなります。

こだわりはココ！

ベッドにひざをのせる

なぜ

腰を保護することになる

介助者はベッドにひざをのせること
で、腰を保護することになります。開
いた手の間からひざをのせ、肩と腰を
平行に保ち、利用者のからだに対して
斜めに向き合うようにします。

ひざをのせない場合、腰に負担が集中
しますが、ひざをのせることで支点が
できます。肩と腰も平行に保つことが
できるため、背部や腰部に負担がかか
りません。

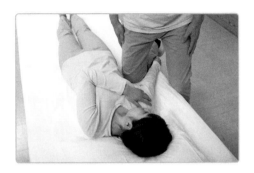

2 手をベッドにつける

介助者は肩と腰をねじらないように
し、手をベッドにつけます。
手をベッドにつくことで、腰にかかる
負担を軽減させることができます。

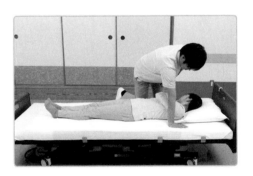

3 手の前腕を回外させ、もう一方の手を肩口から差し入れ、肩甲骨を浮かせる

ベッドについた手の前腕を回外（小指側にねじるようにまわす）させます。もう一方の手を肩口から差し入れ、肩^{けん}甲骨^{こうこつ}を浮かせ、ベッド面から離します。

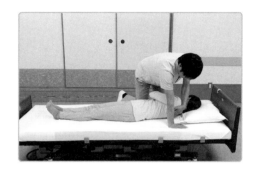

👆 **こだわりはココ！**

肩甲骨を手のひらで深く支える

❓ **なぜ**

痛みや不快感を与えにくい

指先を使わず手のひらで肩甲骨を支えることで、利用者に痛みや不快感を与えにくいです。

また、肩甲骨をベッド面から浮かすことで肩をまわしやすくなります。

4 寝返る側の腸骨の方向に肩甲骨を斜めに引く

寝返る側の腸骨^{ちょうこつ}の方向に向かって、肩甲骨を浮かし、斜めに肩甲骨を引きます。

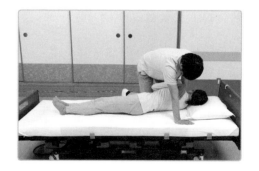

👆 **こだわりはココ！**

斜めの方向に向かって引く

運動方向にそった動きになる

人は真横には寝返りを行いません。
寝返る側の腸骨の方向に向かって肩甲
骨を斜めに引くのが正しい運動方向に
なります。

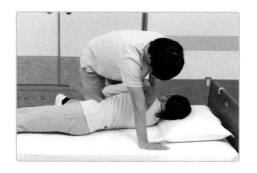

5 **手前側に骨盤を引き、寝返り
する**

手前側に骨盤を引き、寝返りをします。
その後、骨盤と肩の位置を調整するこ
とで姿勢を安定させます（▶P54）。

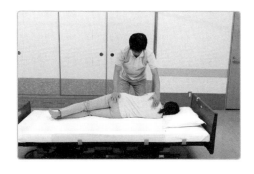

◆寝返り後の側臥位の姿勢保持の方法

寝返りをした状態のままでは、姿勢が安定せず倒れてしまうことがあります。骨盤<ruby>こつばん</ruby>と肩の位置を調整することで姿勢を安定させます。

1 骨盤の上部と下部を支えます。

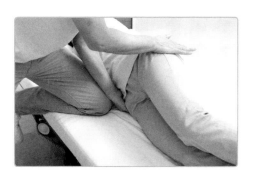

2 骨盤の下部を押しこむと同時に上部を引き寄せ、骨盤を深く入れ安定させます。

> 寝返りをしたあとに、下になっている骨盤を少しずらして姿勢を安定させるイメージ

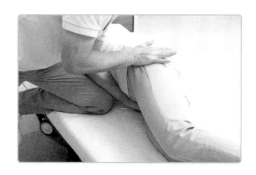

3 肩の位置を調整します。

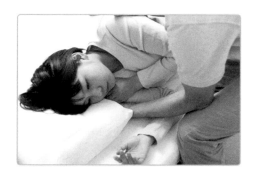

起き上がり（仰臥位⇒端座位）の介助

◆ 人の自然な起き上がりの動きを知る

・腹筋の力がある人は直線的に起き上がり、臀部を軸に回転させてベッドの端に座ります。

・腹筋の力がなかったり、麻痺があり、直線的に起き上がることができなかったりする場合、寝返りをうち、側臥位になり、下肢をベッドの端に下ろし、ひじを支点として起き上がります。

【自然な起き上がり】

1 寝返りをします。

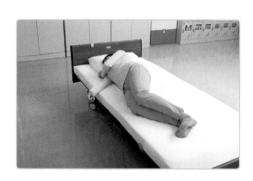

2 両下肢（ひざ下）をベッドの端から下ろし、ベッドに側臥位で下になっているほうのひじをつきます。

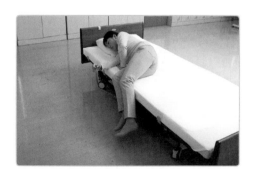

3 ひじを支点に頭部を前方に動か
し、片ひじ立ち位になります。

4 手のひらをベッドにつき、ひじを
伸ばしながら起き上がります。

◆ 自立に向けた方法（片麻痺の場合）

　人の自然な起き上がりの動きに合わせて、健側を軸に動くことによって自立した動作が可能になります。

　ここでは自立と介助で分けて示しています。健側の上下肢を活用できる場合の自立法であり、それができない場合は介助という流れになります。ただし、介助が必要であっても可能な限り自立の動きに近づけているのが特徴です。それが〈よく行われている介助〉との差別化になります。

1　健側に寝返りをする

患側のひざ裏に差し入れた健側下肢を
寝返る方向に倒します（▶P46）。

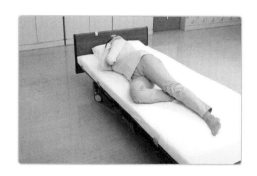

2　両下肢（ひざ下）を下ろす

健側下肢で患側下肢を支えながら、
ベッドの端から両下肢（ひざ下）を下
ろします。
そして、側臥位で下になっているほう
のひじをベッドにつきます。

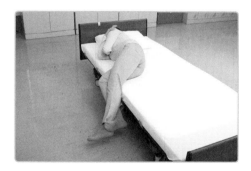

3 ひじを支点に頭部を前方に動かす

ひじを支点に頭部を前方に動かし、片ひじ立ち位になります。

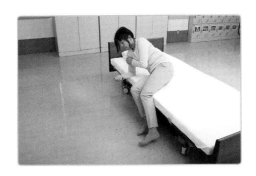

4 ひじを伸ばしながら起き上がる

手のひらをベッドにつき、ひじを伸ばしながら起き上がります。

◆ 健側上肢を活用した起き上がりを誘導する介助の方法（片麻痺の場合）

1 側臥位の状態にし、両下肢 （ひざ下）をベッドから下ろす

側臥位の状態にし（▶P50）、両下肢
（ひざ下）をベッドから下ろします。
支点となる利用者のひじを介助者が上
から固定し、ひじの位置がずれないよ
うにします。
利用者の首の後ろから肩甲骨と肩甲骨
<small>けんこうこつ</small>
の間に手を差し入れます。

2 頭部を前方に引き出す

頭部を前方に引き出し、片ひじ立ち位
の姿勢をとります。

3 ひじを伸ばす

健側の手のひらをベッドにつけ、ひじ
を伸ばしてもらうように利用者に伝え
ます。

4 上体を起こす

利用者が起き上がるのに合わせ、介助者は上体を起こしていきます。

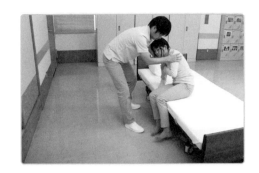

5 座位の位置を調整する

重心が健側の足にかかり動かすことが難しいため、介助者は利用者のひざを引き、座位の位置を調整します。

◆ よく行われている介助方法

1 ベッドサイドに立ったときの頭側のひざをベッドにのせます。利用者の首の後ろから肩にかけて支え、もう一方の手で大腿部(だいたいぶ)の裏を支えます。

2 骨盤(こつばん)を軸にからだをまわします。

3 端座位の姿勢になるまで起き上がらせます。

問題点

自然な動きに反している！

自然な動きに反した介助者主導の介助になっているため自立につながりません。

一気に動かしている！

・一気にからだをまわされるため恐怖感が生じてしまいます。

・利用者の骨盤より頭部が後ろに位置した上体でまわるため、重心が遠ざかり介助者が腰を痛めるリスクも高くなります。

◆ 起き上がり（仰臥位⇒端座位）の介助

　ひじをついて起き上がる力がない利用者の場合、全介助を行うことになりますが、その場合にも自然な起き上がり（仰臥位⇒端座位）の動きに合わせて介助していきます。

1 側臥位にする

利用者を側臥位にし、両ひざ裏を支えます。

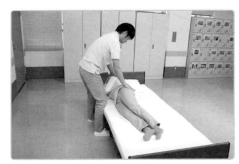

2 両下肢（ひざ下）をベッドから下ろす

利用者の肩を支えながら、両下肢（ひざ下）をベッドから下ろします。

👆 こだわりはココ！

ベッドの側面に介助者のひざをあて固定する

転落防止につながる

両下肢（ひざ下）を下ろしたときに
ベッドからの転落を防ぐため、介助者
はベッドサイドに立ったときの足元側
の下肢を利用者の腸骨の位置に移動さ
せます。ひざをベッドの側面にあて固
定して、ベッドとのすき間をなくしま
す。

3 側頭部を浮かせ、頭側の手を肩甲骨と肩甲骨の間に置く

利用者の側頭部を足元側の手で支えて
浮かします。すき間のできた首下から
頭側の手を差し入れ、肩甲骨と肩甲骨
の間に置きます。

4 足元側の手で骨盤上を支える

介助者は足元側の手で骨盤上を支え、上体を弧を描くように引き寄せてから起こします。

上体を引き寄せてから起こす

引き寄せることで首に負担がかからない

上体を起こす際は、直線的に動かさず、介助者側に引き寄せてから起こすようにします。

直線的に持ち上げると利用者の首に負担がかかります。弧を描くように引き寄せてから起こすことで、首に負担をかけずに起こすことができます。

介助者は腕の力を使わず、下半身の重心移動を活用するようにします。

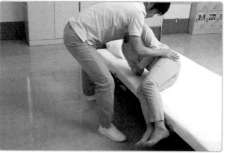

✖ 直線的な動かし方

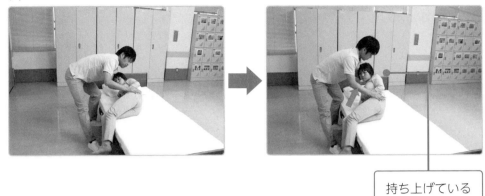

持ち上げている

5 端座位を安定させる

利用者の骨盤をベッドに押しつけるようにして、端座位を安定させます。

車いすへの移乗を前提として端座位をとってもらう場合

　ベッド上の時点で靴を履かせておくと安全です。その際、靴でベッドが汚れないようにシート（新聞紙でも可）を広げた状態で行います。

　端座位の状態で靴を履くには、利用者の座位バランスが安定していることが求められます。座位のバランスが安定していない場合は、利用者の上体を支えながら靴を履かせないと後方に倒れてしまうおそれがあります。

　あらかじめベッド上で靴を履くようにしておくことで、端座位からそのまま車いすへの移乗介助へとつなげることができ効率的です。

シートを敷いて履いている状態

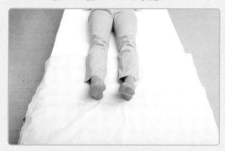 

端座位で履いている状態（バランスがくずれやすい）

利用者を支えず、靴を履かせることに集中している

利用者を支えることに集中して、片手で靴を履かせている

◆ 端座位で両足底が床につくようにする方法

　端座位は利用者の両足底が床についていることが必要です。床に足がついていない場合は、両足底が床につく位置まで骨盤を引き出す介助を行います。

1　肩甲骨と肩甲骨の間を支える

利用者の首を介助者の前腕で支え、手のひらで肩甲骨と肩甲骨の間を支えます。もう一方の手で大腿部の裏を支えます。

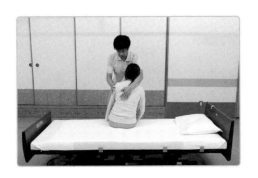

2　首を支えている側に上体を傾け、片側の骨盤を引き出す

首を支えている側に利用者の上体を傾けます。

上体を傾けたほうとは反対の大腿部の裏を引き、片側の骨盤を前に引き出します。

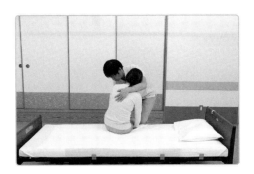

こだわりはココ！

利用者の上体を傾け、骨盤を交互に引き出して動かす

少しの力で動かすことができる

通常、端座位では左右の坐骨結節に均等に体重がかかっています。

片側に上体を傾けることで、重心が片側に寄り、一方の坐骨結節にかかっていた重みがなくなるため少しの力で動かすことが可能になります。

大腿部の裏を支えた手は、半円を描くようにまわしながら引くとスムーズに骨盤が動きます。

端座位の状態

片側に上体を傾けた状態

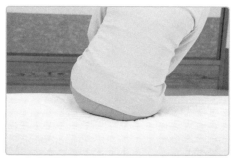

3 反対側に上体を傾ける

肩甲骨と肩甲骨の間を支えていた手を反対の手に変え、2とは反対側に利用者の上体を傾けます。

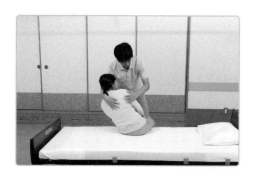

4 2とは反対側の骨盤を前に引き出す

上体を傾けたほうとは反対の大腿部の裏を引き、骨盤を前に引き出します。

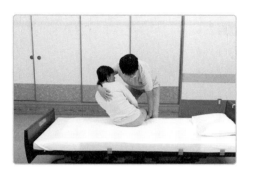

5 両足底を床につける

座位の位置を確かめ、両足底を床につけます。

Part **3**

ベッド（車いす）から車いす（ベッド）への移乗

Contents

立ち上がりの介助

◆ **人の自然な立ち上がりの動きを知る**

- 座位の状態で股関節・膝関節・足関節が直角（90度程度）になるように足を引きます。
- 前かがみの姿勢をとり、頭部がひざの位置にきたときに頭部を水平に前進させると臀部が浮きます。
- ひざを伸ばして上体を上方に持ち上げ、立ち上がります。

【自然な立ち上がり】

1　足を引き、前かがみの姿勢をとります。前かがみになることで重心が足底に移ります。

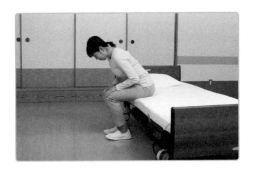

2　頭部がひざの位置にきたとき、頭部を水平に前進させると臀部が浮きます。

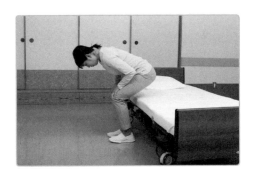

3 ひざを伸ばして上体を上方に持ち
上げます。

4 立ち上がります。

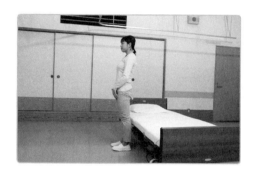

◆ 立ち上がりの介助

立ち上がりの介助前に必ず押さえるポイント！

・必ず足の位置を確認し、股関節・膝
関節・足関節が直角（90度程度）
に位置するようにします。
・前になる足のひざの角度を直角にし、
後ろになる足を引くことで前後のバ
ランスをとる方法もあります。片麻
痺の場合では、健側の足を直角に、
患側の足を少し引くようにします。

移乗時でからだの回転をともなう動作
の際には、足を前後にすることで足の
からまりを防ぐという目的がありま
す。しかし、立ち上がりを目的とした
際には、必ずそうしたほうがよいとい
うわけではなく、立ったときの立位姿
勢の安定度や好みによっても変わって
きます。

直角に位置している状態

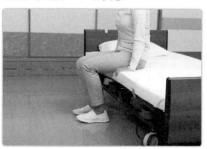

前後の足のバランスをとった状態

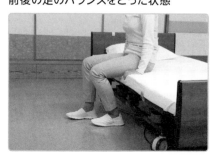

【やりがちな立ち上がりの介助】

 前かがみにしないまま、真上に引き上げている

 前かがみにしているが、頭部を水平に引き出さないまま上方向に引き上げている

【立ち上がりの介助】

　やりがちな立ち上がりの介助をふまえて、頭部を前かがみにし、水平に引き出し自然と臀部を浮かせる介助法を示します。

1 利用者の前腕を下から支え、頭部を前屈させる

利用者に介助者の前腕を把持してもらいます。

介助者は利用者の前腕を下から支え、下に引きながら前かがみにします。

👆 **こだわりはココ!**

介助者の前腕を把持してもらう

❓ **なぜ**

手すりの代わりとなる

利用者の前腕を下から支え、利用者には介助者の前腕を把持してもらうことで、安心して体重をかけることができ力が入りやすいです。

2 臀部を浮かせる

利用者の頭部がひざの位置にきたら、頭部を水平に引き出し臀部を浮かせます。

👆 **こだわりはココ!**

頭部を水平に引き出す

力任せでなく臀部が浮く

前かがみの姿勢から上に引き上げるの
ではなく、頭部を水平に引き出すよう
に誘導することで臀部(でんぶ)は浮きます。
その際、利用者のペースに合わせて行
うことが大切です。

3 立ち上がる

利用者の上肢を上方向に弧(こ)を描くよう
に引き上げ、立ち上がります。

移乗（ベッドから車いす）の介助

◆ 車いすの選択

　フットサポート、アームサポートが取り外し可能な車いすのタイプは、移乗のときに障壁となるものがなくなり、ベッドの真横に垂直につけることができるため大変便利です。可能な限りこのタイプの車いすを使用することが理想です。

　しかしながらすべての利用者がこのタイプを使用しているわけではなく、標準型車いすを使用していることも多いです。そこで本書では、標準型車いすをベースにした介助を説明します。

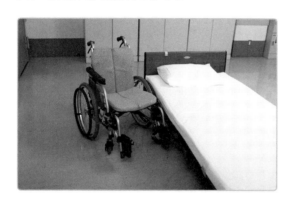

◆ 自立に向けた方法（片麻痺の場合）

　健側の上下肢を活用し、自然な動きにそった動作を行うことが自立に近づくことになります。車いすへの移乗であれば、前かがみになり頭部を前方に出し、臀部を浮かせる、上体を持ち上げるといった一連の動作すべてが大切となります。

1 車いすを近づける

健側の位置にくるように車いすをベッドに対して30〜45度の角度で近づけます。

2 健側の足は直角、患側の足は引く

奥側のアームサポートを把持（は じ）します。健側のひざを90度にし、患側の足は引きます。

3 前かがみになり、臀部を浮かせる

アームサポートを上から押しながら、おじぎをするように前かがみになります。

頭部がひざの位置にきたら、頭部を水平に前進させ臀部（でん ぶ）を浮かせます。

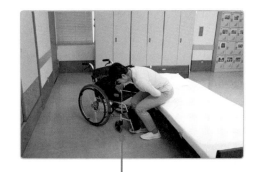

奥側をもつことで自然に前かがみの姿勢となる。手前では立ち上がったときにバランスが悪く、奥側に持ち替える必要があり、安全性が低くなる

4 上体を持ち上げて、立ち上がる

ひざを伸ばし上体を持ち上げて、立ち上がります。

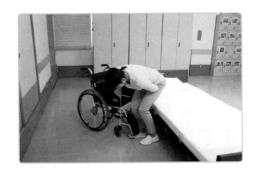

5 からだの向きを変え、座る

車いすのほうに向きを変え、座ります。

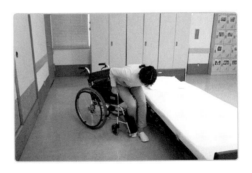

◆ よく行われている介助方法

利用者の足の間に介助者の足を
差し入れます。腰に手をまわし
て、手を組みます。

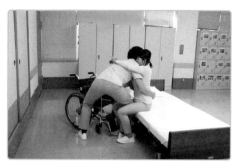

問題点

窮屈な姿勢になっている！
介助者の足が入り密着することで、窮
屈(きゅうくつ)な姿勢になり利用者を前かがみにさ
せにくくなります。

フットサポートにあたる！
介助者の足が入り足幅をとるため、移
乗時に利用者の足がフットサポートに
あたることが多く、けがにつながるお
それがあります。

介助者は腰を低くして、利用者
に前かがみの姿勢をとらせま
す。

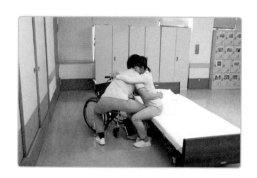

座面が見えていない！

介助者の頭で視界が遮られてしまい、
車いすの座面が見えません。

③ 利用者のからだを上方向に持ち
上げて、臀部を浮かせます。

腰を引きつけている！

腰を引きつけるように持つため、利用
者に痛みを与えてしまいます。

持ち上げている！

持ち上げているため、介助者の腰に負
担がかかります。

車いすのほうにからだの向きを
変えます。

 車いすに座ります。

問題点

覆いかぶさっている！

介助者の力で立たせているため、利用
者・介助者双方のからだが伸びた状態
にあります。着座の際に覆いかぶさる
ようになりやすく、ドスンと衝撃が生
じます。

利用者の状況に応じた移乗介助

　ここからは、よく行われている移乗介助の問題点を解決する介助を利用者の状況別に示します。それは、本当に役立つ正しいからだの使い方を追求した「ボディメカニクス」に、人の自然な動きを活用する「動作介助」を組み合わせた移乗介助になります。

下肢の支持性がある場合

　利用者自身にある程度下肢の支持性がある場合は、なるべく自然な立ち上がりの動きを阻害しないように介助することが大切です。立ち上がる際は、ひざより頭部が前にでているポイントを押さえ、持ち上げずに水平方向にスライドさせるのがコツです。

◆ ベッドから車いすへの移乗

動画はここから

1 奥側のアームサポートを把持してもらう

ベッドの頭側に車いすをベッドに対して 30 〜 45 度の角度で置き、利用者に奥側のアームサポートを把持（は じ）してもらいます。

2 側胸部を手のひらで支える

介助者は車いすから遠いほうの利用者の肩口から手を差し入れ、側胸部（そくきょうぶ）を手のひらで支えます。

もう一方の手を利用者のわきの下から入れ、胸の前にまわしておきます。

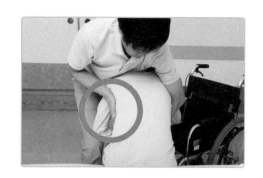

 こだわりはココ!

指先は触れない

 なぜ

痛みや不快感を与えてしまう

指先が触れると痛みや不快感を与えてしまうため、側胸部は手のひらをあてるように支えます。

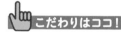 こだわりはココ!

利用者の胸の前に手をまわす

なぜ

ひざ折れを防げる

介助者の手を利用者の胸の前にまわしておくことで、ひざ折れを起こしたときに支えることができます。

3 ひざより前に頭部を出す

利用者の上体が起きないように、介助者は上から下方向に上体を落としこみます。ひざより頭部が前にでる位置まで誘導します。

> 車いすの座面を見るように促す

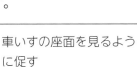

こだわりはココ！
上から下方向に上体を落としこむ

なぜ
上体が起きてしまうのを防ぐ

強引に持ち上げるのではなく、上から下方向に落としこむようにして上体を前かがみにします。そうすることで利用者の上体が起きてしまうのを防ぎ、前かがみの姿勢のまま移乗動作が可能になります。

利用者自身で前傾姿勢がとれる場合は、上体を落としこむ必要はありません。

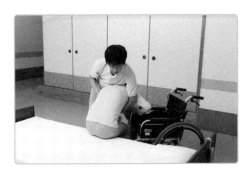

4 車いすの方向にからだをまわす

前かがみの姿勢を保ったまま、車いすの方向にからだをまわします。

横方向に押すように移乗する

からだへの負担が少ない

手のひらで利用者を横方向に押し、介助者がからだをまわして車いすへ移乗させることで、持ち上げず水平にからだをまわすことができます。

利用者にとっては強引に持ち上げられることなく、横方向にスライドして移乗できるためからだへの負担が減ります。

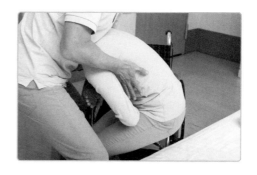

前かがみの姿勢を保つ

衝撃をやわらげる

前かがみの姿勢のまま着座することで、ドスンと倒れこむのを防ぐことができます。そのため、前かがみの姿勢を保つようにします。

5 腰を下ろし座る

ゆっくりと利用者の腰を下ろし、車いすに座ります。

◆ 浅座りの方法（座面の前への引き出し方）

　車いすからベッドへ移乗する際には、事前の準備として、座面の前にからだを引き出し、浅座りしてもらうことが必要です。

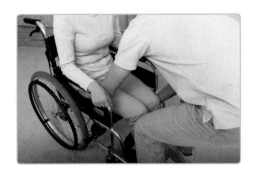

1 骨盤とひざ裏を支える

車いすのフットサポートを介助者の足で固定し動かないようにします。
一方の手で利用者の骨盤を支え、もう一方の手は反対側のひざ裏を支えます。

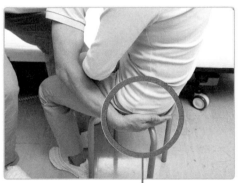

座面のすき間に手を入れ、骨盤を手のひら全体で支える

2 片方の骨盤を前方に引き出す

骨盤を支えている手を押すと同時にひざ裏を引き、骨盤を前方に引き出します。

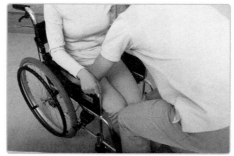

3 反対の骨盤とひざ裏を支える

手を持ち替え、1とは反対の骨盤、ひざ裏を支えます。

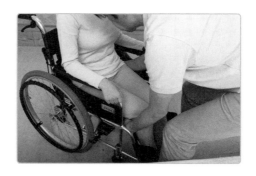

4 もう一方の骨盤を前方に引き出す

2と同様に、骨盤を支えている手を押すと同時にひざ裏を引き、もう一方の骨盤を前方に引き出します。

交互の骨盤を引き出すことで浅座りになります。

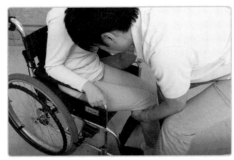

動画はここから

◆ 車いすからベッドへの移乗

　車いすからベッドへの移乗では浅座りにしたうえで、なるべく自然な立ち上がりの動きを阻害しないように介助することが大切です。

1　前かがみの姿勢でベッドに手を置く

ベッドの足元側に車いすをベッドに対して 30 〜 45 度の角度で置きます。浅座りにしたうえで、利用者に前かがみの姿勢をとってもらい、ベッドに手を置きます。

ベッド上で仰臥位になったときに、枕の位置に頭がおさまるように車いすの置く位置を調整します。

2　側胸部を手のひらで支える

介助者はベッドから遠いほうの利用者の肩口から手を差し入れ、側胸部(そくきょうぶ)を手のひらで支えます。

もう一方の手を利用者のわきの下から入れ、胸の前にまわしておきます。

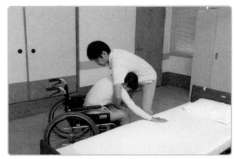

3　ひざより前に頭部を出す

利用者の上体が起きないように、介助者は上から下方向に上体を落としこみます。ひざより頭部が前にでる位置まで誘導します。

ベッドを見るように促す

4 ベッドの方向にからだをまわす

前かがみの姿勢を保ったまま、利用者を手のひらで横方向に押し、ベッドの方向にからだをまわしします。

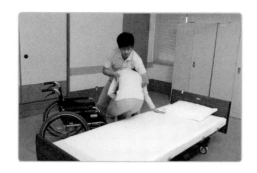

5 腰を下ろし座る

ゆっくりと利用者の腰を下ろし、ベッドに座ります。

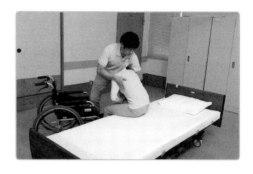

下肢の支持性が不安定な場合―中腰で行う介助方法

　筋力低下や麻痺等の影響により下肢の支持性が不安定な場合は、下肢の支持性がある場合で示した介助方法では、からだの支えが不十分で利用者が不安を感じることも想定されます。そこで、介助者が中腰になり利用者の下にもぐる体勢をとることで、利用者を広い面で受けることができ、安心と安全性が高まります。

◆ ベッドから車いすへの移乗

動画はここから

1 前足をひざの外側に、後ろの足を車いすの外側に置く

ベッドの頭側に車いすをベッドに対して 30 ～ 45 度の角度で置きます。
介助者はわきの下からもぐり、前足を利用者のひざの外側に、後ろの足を開いて車いすの外側に置きます。

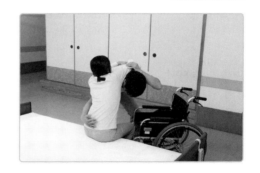

こだわりはココ！

わきの下からもぐる

？ なぜ

前かがみの姿勢になりやすい

わきの下からもぐることで、介助者がより下に位置することができ、自然に利用者が前かがみの姿勢をとりやすくなります。また、利用者の視界を遮ることがないため、利用者が車いすの位置を見ることができます。

👆 こだわりはココ！

利用者のひざの外側に足を置く

❓ なぜ

利用者の足が開くのを防ぐ

利用者のひざの外側に介助者の足を置くことで、利用者の足が開くのを防ぎ、ひざが正面に向きます。

利用者のひざが正面を向くことで下肢に力を入れやすくなります。

2 背中の上部を支え、車いす側のひざを押さえる

利用者の背中の上部を支え、車いす側のひざを手のひらでつつむように押さえます。

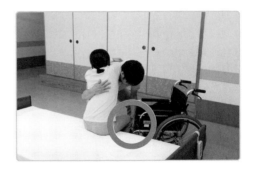

👆 こだわりはココ！

背中の上部に向かって斜めに支える

❓ なぜ

前かがみの姿勢を誘導する

頭部を下げ、前かがみにするために背中の上部に向かって斜めに支えます。

支えた背中の上部を倒すように手のひらに力を加えることで、前かがみにしやすくなります。

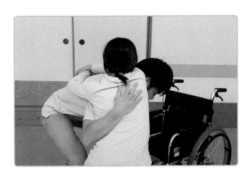

手のひらでつつむようにひざを押さ
える

痛みを与えない

ひざに痛みを与えないよう手のひらに
くぼみをつくり、つつむように押さえ
ます。

ひざの位置が前方にスライドするとひ
ざ折れを起こします。ひざの位置は、
手のひらで支えて動かないように固定
しておくことが必要です。

3 前かがみの姿勢にする

ひざを押さえたまま、背中を倒して前
かがみの姿勢になってもらいます。

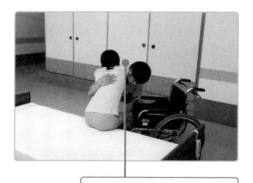

ひざを押さえているひじは内ももに
つける

車いすの座面を見るよう
に促す

ひざが前に動くのを防ぐ

介助者はひざを押さえているほうのひじを自分の内ももにつけることで、ひざの押さえがより固定され、利用者のひざが前にスライドしてひざ折れを起こすのを防ぎます。

4 車いすの方向にからだをまわす

ひざを押さえひじを内ももにつけた状態で、利用者の前かがみの姿勢を保ったまま、車いすの方向に水平にからだをまわします。

5 腰を下ろし座る

ゆっくりと利用者の腰を下ろし、車いすに座ります。

動画はここから

◆ 車いすからベッドへの移乗

　中腰で行うベッドから車いすへの移乗で示したこだわりは、車いすからベッドへの移乗にも活用することができます。ベッドから車いすへの移乗方法（▶P94）をしっかりと身につけることが大切です。

1 わきの下からもぐり、前足をフットサポートの外側に置く

ベッドの足元側に車いすをベッドに対して 30 ～ 45 度の角度で置きます。浅座りにしたうえで、介助者はわきの下からもぐり、前足をフットサポートの外側に置きます。

2 背中の上部を支え、ベッド側のひざを押さえる

利用者の背中の上部を支え、ベッド側のひざを手のひらでつつむように押さえます。

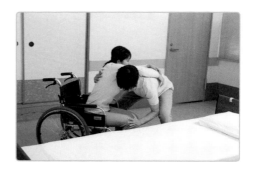

3 前かがみの姿勢にする

ひざを押さえたまま、背中を倒して前かがみの姿勢になってもらいます。このとき、ひざを押さえているほうのひじを内ももにつけます。

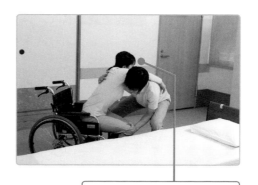

ベッドを見るように促す

4 ベッドの方向にからだをまわす

ひざを押さえひじを内ももにつけた状態で、利用者の前かがみの姿勢を保ったまま、ベッドの方向に水平にからだをまわします。

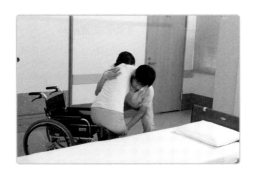

5 腰を下ろし座る

ゆっくりと利用者の腰を下ろし、ベッドに座ります。

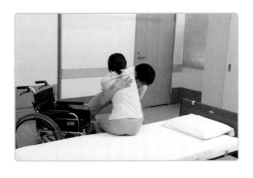

下肢の支持性が不安定な場合 ―ひざを床につけて行う介助方法

　中腰で行う介助と考え方はいっしょで、ひざを床につけて行うことで利用者を広い面で受けることができ、安心と安全性が高まります。中腰姿勢がきつく感じるときは、ひざを床につけたほうが安定して楽に感じる場合があります。反対に床にひざをつけるとひざに痛みを感じる人もいるので、介助者自身が楽に感じるほうを選択するとよいです。なお、床にひざをつく場合、清潔面への配慮やひざへの負担を減らすためにひざ下にタオル等を敷くようにします。

◆ ベッドから車いすへの移乗

動画はここから

1 前足をひざの外側に、後ろの足のひざを床につける

ベッドの頭側に車いすをベッドに対して 30 ～ 45 度の角度で置きます。
介助者は前足を利用者のひざの外側に、後ろの足のひざを床につけ、わきの下からもぐります。

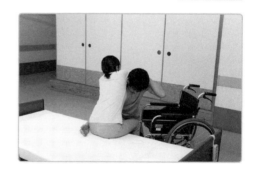

👆 こだわりはココ！

利用者のひざの外側に前足を置き、後ろの足のひざを床につける

❓ なぜ

下肢に力が入りやすく、自然に前かがみの姿勢になる

ひざの外側に介助者の前足を置くことで利用者のひざが外に開くのを防ぎ、

下肢に力が入りやすくなります。

また、後ろの足のひざを床につけると介助者の体勢が低くなり、自然に利用者が前かがみの姿勢をとりやすくなります。

わきの下からもぐる

車いすの座面が見える

利用者・介助者双方が車いすの座面が見えるため安心につながります。

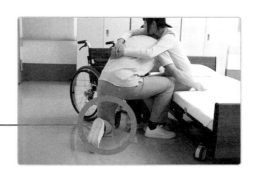

タオル等を敷く

2 背中の上部を支え、車いす側のひざを押さえる

利用者の背中の上部を支え、車いす側のひざを手のひらでつつむように押さえます。

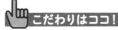

背中の上部に向かって斜めに支える

なぜ

前かがみを誘導する

頭部を下げ、前かがみにするために背中の上部に向かって斜めに支えます。支えた背中の上部を倒すように手のひらに力を加えることで、前かがみにしやすくなります。

こだわりはココ！

手のひらでつつむようにひざを押さえる

なぜ

痛みを与えない

ひざに痛みを与えないよう手のひらにくぼみをつくり、つつむように押さえます。

ひざの位置が前方にスライドするとひざ折れを起こします。ひざの位置は、手のひらで支えて動かないように固定しておくことが必要です。

3 前かがみの姿勢にする

ひざを押さえたまま、背中を倒して前かがみの姿勢になってもらいます。

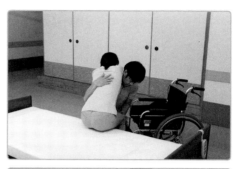

車いすの座面を見るように促す

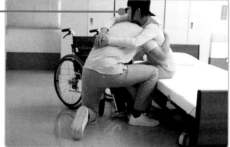

 こだわりはココ！

ひざを押さえているひじはわき腹につける

なぜ

ひざが前に動くのを防ぐ

介助者はひざを押さえているほうのひじを自分のわき腹につけることで、ひざの押さえがより固定され、利用者のひざが前にスライドしてひざ折れを起こすのを防ぎます。

4 車いすの方向にからだをまわす

ひざを押さえひじをわき腹につけた状態で、利用者の前かがみの姿勢を保ったまま、車いすの方向に水平にからだをまわします。

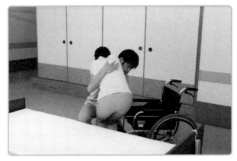

5 腰を下ろし座る

ゆっくりと利用者の腰を下ろし、車いすに座ります。

動画はここから

◆ 車いすからベッドへの移乗

　ひざを床につけて行うベッドから車いすへの移乗で示したこだわりは、車いすからベッドへの移乗にも活用することができます。ベッドから車いすへの移乗方法（▶P100）をしっかりと身につけることが大切です。

1 前足をフットサポートの外側に、後ろの足のひざを床につける

ベッドの足元側に車いすをベッドに対して 30 〜 45 度の角度で置きます。浅座りにしたうえで、前足をフットサポートの外側に、後ろの足のひざを床につけ、わきの下からもぐります。

2 背中の上部を支え、ベッド側のひざを押さえる

利用者の背中の上部を支え、ベッド側のひざを手のひらでつつむように押さえます。

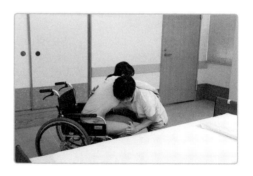

3 前かがみの姿勢にする

利用者のひざを押さえたまま、背中を
倒して前かがみの姿勢にします。
このとき、ひざを押さえているほうの
ひじをわき腹につけます。

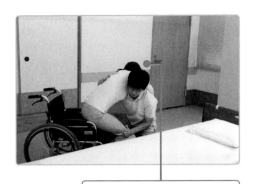

ベッドを見るように促す

4 ベッドの方向にからだをまわす

ひざを押さえひじをわき腹につけた状
態で、利用者の前かがみの姿勢を保っ
たまま、ベッドの方向に水平にからだ
をまわします。

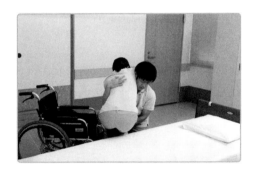

5 腰を下ろし座る

ゆっくりと利用者の腰を下ろし、ベッ
ドに座ります。

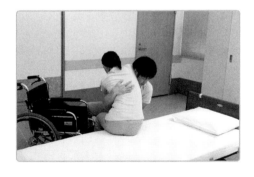

下肢の支持性が不安定な場合 —いすを用いて行う介助方法

　中腰で行う介助方法、ひざをつけて行う介助方法と介助の考え方はいっしょですが、もう一ついすを活用する方法もあります。介助者がいすに腰かけることで、安定した姿勢を確保したうえで介助することができます。

◆ ベッドから車いすへの移乗

動画はここから

1　いすを用意し、わきの下からもぐる

ベッドの頭側に車いすをベッドに対して 30 〜 45 度の角度で置き、いすを介助者の後ろに用意します。
利用者のわきの下からもぐり、背中を支えたら、座る位置になるようにいすの場所を調整します。

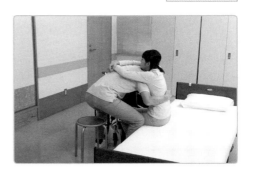

🖐 こだわりはココ！

わきの下からもぐる

❓ なぜ

車いすの座面が見える

利用者・介助者双方が車いすの座面が見えるため安心につながります。

2 利用者のひざを押さえ、いすに腰かける

介助者は利用者のひざを手のひらでつつむように押さえ、いすに腰かけます。

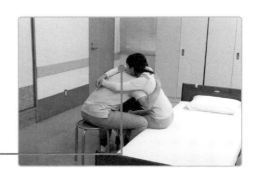

車いすの座面を見るように促す

 こだわりはココ！

いすに腰かける

 なぜ

姿勢が安定する

介助者がいすに腰かけることで姿勢が安定します。姿勢が安定することで利用者もからだをゆだねやすくなります。

頭部を下げ、前かがみにするために、利用者の背中の上部に向かって斜めに支えます。

支えた背中の上部を倒すように手のひらに力を加えることで、前かがみにしやすくなります。

 こだわりはココ！

手のひらでつつむようにひざを押さえる

 なぜ

痛みを与えない

ひざに痛みを与えないよう手のひらに

くぼみをつくり、つつむように押さえます。

ひざの位置が前方にスライドするとひざ折れを起こします。ひざの位置は、手のひらで支えて動かないように固定しておくことが必要です。

3 臀部を浮かせる

利用者のひざを介助者の手のひらで動かないように固定したまま、背中を引き寄せ、臀部を浮かせます。

👆 こだわりはココ！

ひざを手のひらで固定する

❓ なぜ

自然に臀部が浮く

ひざを手のひらで固定することでひざ折れを防止します。固定したまま、背中が前方に倒れることで自然に臀部を浮かせることができます。

4 介助者はいすに座ったまま、車いすの方向にからだをまわす

介助者はいすに座ったまま、利用者の臀部が浮き、前かがみの姿勢になった状態を保ちながら車いすの方向にからだをまわします。

5 腰を下ろし座る

介助者はいすに座ったまま、ゆっくりと利用者の腰を下ろし、利用者は車いすに座ります。

介助者が腰を浮かせようとすると腰を痛めるおそれがあるので、いすに座り安定した姿勢を保ったまま着座させるようにします。

◆ 車いすからベッドへの移乗

いすを用いて行うベッドから車いすへの移乗で示したこだわりは、車いすからベッドへの移乗にも活用することができます。ベッドから車いすへの移乗方法（▶P107）をしっかりと身につけることが大切です。

1 いすを用意する

ベッドの足元側に車いすをベッドに対して 30 〜 45 度の角度で置き、いすを介助者の後ろに用意します。
浅座りにしたうえで、わきの下からもぐり、背中を支えたら、座る位置になるようにいすの場所を調整します。

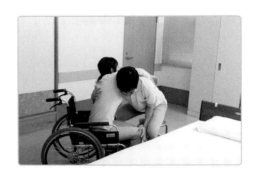

2 介助者はいすに腰かけ、利用者のひざを押さえる

介助者はいすに腰かけ、利用者のひざを手のひらでつつむように押さえます。

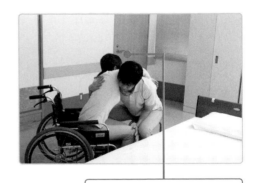

ベッドを見るように促す

3 臀部を浮かせる

利用者のひざを固定したまま、背中を引き寄せ、臀部を浮かせます。
固定したまま背中が前方に倒れることで、自然に臀部が浮きます。

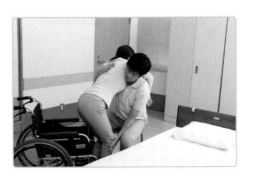

4 介助者はいすに座ったまま、ベッドの方向にからだをまわす

介助者はいすに座ったまま、利用者の臀部が浮き、前かがみの姿勢になった状態を保ちながらベッドの方向にからだをまわします。

5 腰を下ろし座る

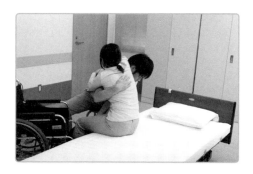

介助者はいすに座ったまま、ゆっくりと利用者の腰を下ろし、利用者はベッドに座ります。

下肢の支持性がない場合

　両下肢の麻痺等により、下肢に力が入らず支持性がない状態では、全介助が必要になります。ここでは介助者の大腿部（だいたいぶ）の上に利用者をのせて移乗する介助方法を示します。

◆ ベッドから車いすへの移乗

動画はここから

1 利用者の横に座り、肩に手を まわす

ベッドの頭側に車いすをベッドに対して 30 〜 45 度の角度で置きます。
利用者の横に座り、肩に手をまわして支えます。

2 介助者の大腿部の上に利用 者の両足をのせる

介助者の利用者側の大腿部の上に、利用者の両足をのせます。
わきの下から背中、腰に手をまわして支えます。

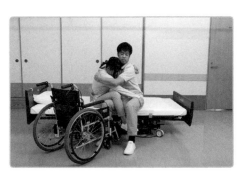

介助者の大腿部の上にのせる

3 上体を前方に引き出し、臀部を浮かせる

利用者の上体を前かがみにし、前方に引き出し、臀部を浮かせます。

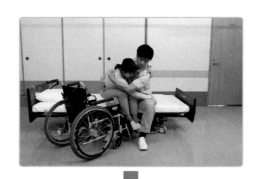

こだわりはココ！

軽くゆらしながら前方に引き出す

なぜ

大腿部の上にのせるタイミングがはかれる

大腿部の上に両足をうまくのせることができない場合は、利用者の上体を前かがみにし、軽く前後にゆらしながら前方に引き出し、臀部を浮かせます。軽く前後にゆらすことで大腿部の上にのせるタイミングをつかむことができます。

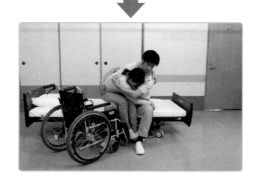

4 数回に分けて、利用者の座っていた位置に臀部をずらす

介助者は、利用者の座っていた位置に数回に分けて臀部をずらし、利用者を車いすの方向に動かします。

こだわりはココ！

数回に分けて臀部をずらす

なぜ

動作の負担の軽減

介助者は一度に動かそうとせず、臀部を数回に分けてずらすことで負担が軽減します。

また、立ち上がらず、水平に臀部をずらして動かすことで腰も痛めません。

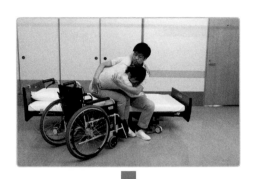

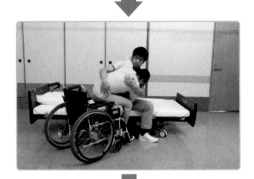

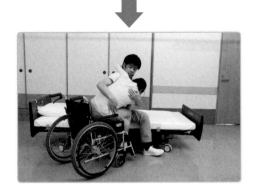

足をベッドの端まで引く

力をためやすい

臀部（でんぶ）をずらす際に、足を引くことで力をためることができます。

引かないと力が入らず、横への移動に負担がかかります。

足を引いている状態

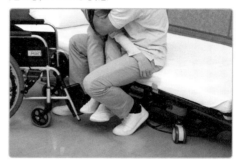

足を引いたあとの横への移動

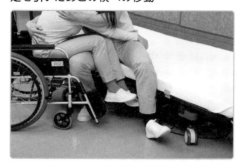

5 腰を下ろし座る

ゆっくりと利用者の腰を下ろし、車いすに座ります。そして、足を下ろします。

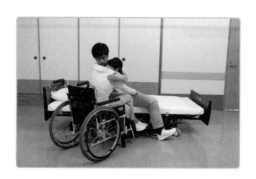

◆ 車いすからベッドへの移乗

　下肢の支持性がない場合のベッドから車いすへの移乗で示したこだわりは、車いすからベッドへの移乗にも活用することができます。ベッドから車いすへの移乗方法（▶P113）をしっかりと身につけることが大切です。

1 車いす上で浅座りにし、介助者はベッドに斜めに座る

ベッドの頭側に車いすをベッドに対して 30 ～ 45 度の角度で置きます。

利用者を座面の前に引き出し、浅座りにします（▶P88）。

介助者は、利用者に対し直角になるようベッドに斜めに座ります。

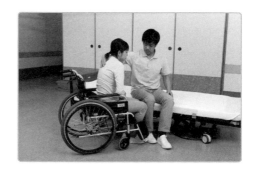

2 介助者の大腿部の上に両足をのせる

利用者に近いほうの大腿部(だいたいぶ)の上に利用者の両足をのせます。

わきの下から背中、腰に手をまわして支えます。

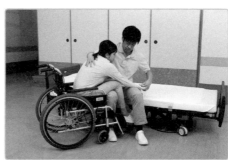

3 上体を前方に引き出し、臀部を浮かせる

前かがみにしながら上体を前方に引き出し、臀部を浮かせます。

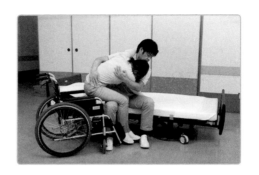

4 数回に分けて、ベッドの足元側に臀部をずらす

介助者は、水平にベッドの足元側に数回に分けて臀部をずらし、利用者をベッドの方向に動かします。

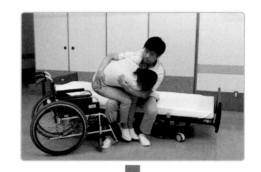

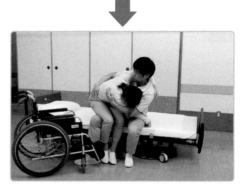

5 腰を下ろし座る

利用者の腰をゆっくりと下ろし、ベッドに座ります。そして、足を下ろします。

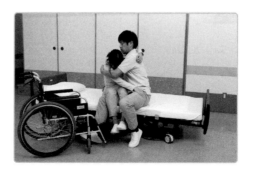

車いすに移乗後の座り直しの介助

◆ よく行われている介助方法

 腕を胸元で組んでもらいます。

2 利用者の両わきの下から手を差しこみ、前腕を上から支えます。

問題点

利用者の前腕に負担がかかる！

前腕を支えているので利用者に負担がかかります。また、上に持ち上げる介助になるため介助者が腰を痛めやすいです。

3 後方に引き寄せるようにして奥まで座ります。

問題点

正しい座位姿勢がとりにくい！

後方に引き寄せるようにして座ることでクッション等も一緒に動いてしまい、正しい座位姿勢がとりにくいです。

動画はここから

◆ 座り直しの介助

立ち上がりの介助を応用し、臀部を浮かせて座面の後方に移動することで、クッション等の位置を修正することもなく正しい座位姿勢をとることが可能になります。ここでは、床にひざをついた状態と、ベッドに座った状態での2つの座り直しの介助方法を示します。

【介助者が床にひざをついた状態での座り直しの介助】

1 両足底を引く

利用者の両足底を車いすの座面の先端の位置まで引きます。

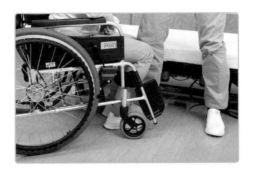

2 介助者はひざをつき、利用者のわきの下からもぐる

介助者はひざをつき、利用者のわきの下からもぐります。
利用者は前かがみの姿勢をとりやすくなります。

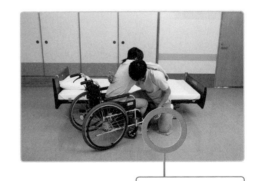

タオル等を敷く

3 利用者のひざを手で押さえる

介助者は利用者のひざを手のひらでつつむように押さえます。押さえることでひざの位置を固定し、ひざ折れを防ぎます。一方の手は背中に置きます。

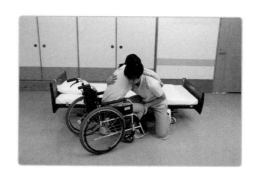

4 背中を前方に引き出す

利用者のひざを押さえたまま背中を前方に引き出し、臀部を浮かせます。

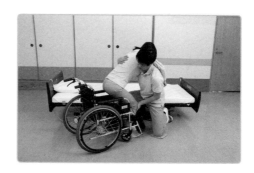

5 座面の奥まで移動する

臀部を浮かせた状態のまま、座面の奥まで移動して座ります。

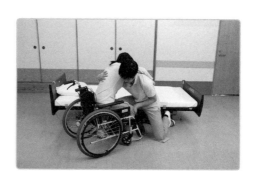

【介助者がベッドに座った状態での座り直しの介助】

1 両足底を引く

利用者の両足底を車いすの座面の先端の位置まで引きます。

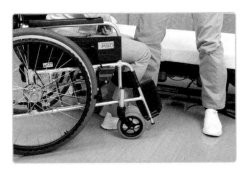

2 介助者は利用者のわきの下からもぐる

介助者は利用者のわきの下からもぐり、ベッドに座ります。

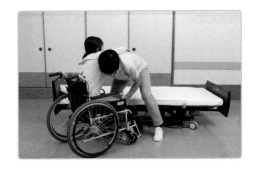

3 利用者のひざを手で押さえる

介助者は利用者のひざを手のひらでつつむように押さえます。一方の手は背中に置きます。

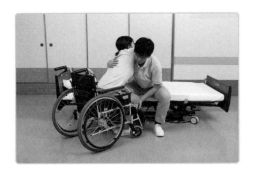

4 背中を前方に引き出す

利用者のひざを押さえたまま背中を前方に引き出し、臀部を浮かせます。

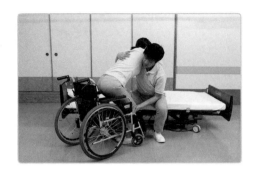

5 座面の奥まで移動する

利用者の臀部を浮かせた状態のまま、介助者もベッドから腰を浮かせ、座面の奥まで移動して座ります。

Part 4

車いすでの移動

Contents

車いすの広げ方・たたみ方

◆ よく行われている広げ方

1 　シートの端と端に手を八の字に置きます。

後輪（駆動輪）

2 　シートを押し下げて広げます。

126

◆ よく行われているたたみ方

1 シートの中央をつかみます。

2 シートを上に引き上げてたたみ
ます。

床を傷つけてしまう！

よく行われている車いすの広げ方、たたみ方は、後輪が横方向に滑るため、畳や
カーペット等の床面全般を傷めてしまいます。

◆ 床面を傷めない広げ方

1 車いすを斜めに傾け、片輪にする

片側のグリップを握り、車いすを斜めに傾け、後輪を片輪で保持します。

👆 こだわりはココ！

一方を片輪にして固定する

❓ なぜ

床面の摩耗を防ぐ

床面に片輪を固定し、もう一方の後輪を浮かせた状態で車いすを広げたり、たたむことで床面を摩耗する（すり減る）ことを防げます。

2 片輪のままシートを広げる

シートの片側に手を置き、片輪のまま押し下げて広げます。

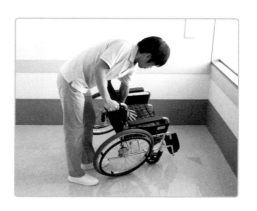

◆ 床面を傷めないたたみ方

1 **片輪にし、シート中央をつかむ**

片側のグリップを握り、車いすを斜めに傾け、後輪を片輪で保持します。シートの中央をつかみます。

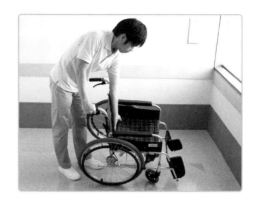

2 **片輪のままシートを引き上げる**

片輪のままシートを上に引き上げてたたみます。

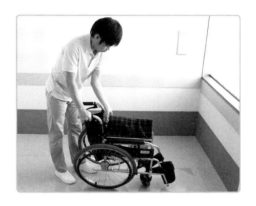

車いすでの移動介助

室内での車いすの移動介助は、平坦な床面で段差もさほどないため車いすの移動をスムーズに行うことができます。屋外に外出した場合、路面の状態がでこぼこしている、砂利道等の不整地、坂道、段差などさまざまな状況・状態があるため、それぞれに対応する車いすでの移動介助の方法を身につけておくことが必要となります。

！ グリップの持ち方のこだわり

小指、薬指の順で握り、中指、人差し指は添えるようにします。親指は握りこまないようにします。

◆ 坂道を上る

手の前腕を回外（小指側にねじるようにまわす）させ、わきを締めます。
ひざを曲げ、一歩一歩地面を踏みしめて上ります。

 こだわりはココ！

手の前腕を回外させ、わきを締める

ひじが曲がると上腕二頭筋（上肢の筋
肉）に重みが集中してしまいます。手
の前腕を回外させ、わきを締めること
で上肢が一直線の棒状になり、重みを
肩甲骨で受け止めることができます。

◆ 坂道を下る

手の前腕を回外させ、わきを締めます。
後ろ向きの状態で介助者から坂道を下
ります。
ひざを曲げ、一歩一歩地面を踏みしめ
て下ります。

時折、後方に視線を向け
安全を確認する

手の前腕を回外させ、
わきを締める

◆ 段差を越える

 こんなやり方は×

　車いすを腕の力で持ち上げると、介助者の上腕、肩、腰に負担がかかるばかりか、車いすが安定せず、段差の上に着地する際、振動させてしまいます。

【段差を越える方法】

1 段差の手前で止まり、キャスターを上げる

段差の手前で止まります。

ティッピングレバーを踏みこみ、グリップを斜め下方向に押し下げ、キャスターを上げます。

ティッピングレバー

 こだわりはココ!

ひざの屈伸によるキャスターの上げ下げ

バランス感覚がつかめればティッピングレバーを使わなくても、キャスターの上げ下げができます。

手の前腕を回外させ上肢を伸ばし、そのまま直下の方向に力を加えます。その際、ひざを曲げ、腰を落とすことでキャスターが上がります。

キャスターを下げる際は、ひざを伸ばしながら、静かにキャスターを下げ地面に接地させます。

ひざの屈伸によりキャスターを上げた場合

ひざの屈伸によりキャスターを下げた場合

2 キャスターを段差の上にのせる

前方に進み、キャスターを段差の上にのせ、後輪を段差に接地させます。

3 車いすを押しこむようにして
段差を越える

介助者の大腿部をバックサポートにあ
て、車いすを押しこむようにして段差
を越えます。

後輪が段差から浮くことのないよう、
車輪を回転させて越えるようにしま
す。

車輪を回転させる

◆ 段差を下りる

【段差を下りる方法】

1 後輪から下ろす

段差を下りるときは後輪から下ろします。段差の端に後輪の中心部がきたところで、介助者の大腿部をバックサポートにあて、支えます。

2 後輪が段差から離れないように下がる

後輪が段差から離れないように後方に下がり、静かに後輪を下ろします。

3 段差からキャスターを浮かせる

キャスターが段差の端にくるまで下がり、端にきたらキャスターを上げ、段差から浮かせます。

4 キャスターを上げたまま後方に下がる

キャスターを上げた状態のまま後方に下がり、地面に静かに下ろします。

◆ **不整地を走行する**

　砂利道やでこぼこ道などの不整地では、キャスターがぐらつき、方向が安定せず、振動が生じます。

　不整地では、キャスターは上げた状態のまま後輪で走行するようにします。

1 わきを締めた状態でキャスターを上げる

手の前腕を回外（小指側にねじるようにまわす）させ、わきを締めた状態でキャスターを上げます。

👆**こだわりはココ！**

上肢をしっかり伸ばす

❓**なぜ**

一番安定した角度になる

上肢をしっかり伸ばした状態にすると、車いすは45度程度の角度になり、一番安定します。

2 グリップにからだを密着させ て走行する

車いすから介助者のからだが離れると
安定しません。
握ったグリップの位置に、からだを密
着させて走行します。

参考文献

- 中村惠子監、山本康稔・佐々木良『もっと！らくらく動作介助マニュアル ── 寝返りからトランスファーまで』医学書院、2005 年

- 岡田慎一郎『古武術介護入門 ── 古の身体技法をヒントに新しい身体介助法を提案する』医学書院、2006 年

- 青山幸広『青山流がんばらない介護術 ── 楽ちんスーパーテクニック』講談社、2011 年

- 小川鑛一・北村京子共著『介護のためのボディメカニクス：Body Mechanics for Careworkers ── 力学原理を応用した身体負担の軽減』東京電機大学出版局、2016 年

- 松村卓・長沼敬憲『人生を変える！骨ストレッチ ── コリ・ハリ・痛みが消え、疲れ知らずの体になる』ダイヤモンド社、2016 年

- 高岡英夫『肩甲骨が立てば、パフォーマンスは上がる！』カンゼン、2018 年

- 高橋佳三監『古武術でカラダがみるみる蘇る ── もっと動ける！もっと走れる！身体操法の基本』宝島社、2019 年

著者紹介

竹田 幸司 （たけだ こうじ）

田園調布学園大学人間福祉学部社会福祉学科准教授
1970 年生まれ　介護福祉士・社会福祉士

介護福祉士として特別養護老人ホーム、デイサービスで現場を経験。その後、介護福祉士養成施設である町田福祉専門学校（現：町田福祉保育専門学校）、山野美容芸術短期大学、日本放送協会学園高等学校専攻科等の教員を経て、現職。その傍ら各種団体の移動・移乗研修、腰痛対策講座、在宅向け介護技術指導や介護現場で行われる施設研修の講師活動にもかかわる。介護にたずさわる方々に負担が少なく、かつ利用者の自立を導いていくことができる介護技術を広めることに生きがいを感じている。

楽しく、ていねいでわかりやすい技術指導を心がけており、参加者から「介助が楽になった」「介助の奥深さを学べた」等と好評。

動画 URL 一覧

こだわりのポイントはココ！
からだを正しく使った移動・移乗技術

2021 年 6 月 10 日　発行

著　者 ················ 竹田幸司
発行者 ················ 荘村明彦
発行所 ················ 中央法規出版株式会社
　　　　　　　　　　〒110-0016　東京都台東区台東 3-29-1　中央法規ビル
　　　　　　　　　　営　業　　TEL 03-3834-5817　FAX 03-3837-8037
　　　　　　　　　　取次・書店担当　TEL 03-3834-5815　FAX 03-3837-8035
　　　　　　　　　　https://www.chuohoki.co.jp/
装幀・本文デザイン ··· 北田英梨（株式会社ジャパンマテリアル）
装幀・本文イラスト ··· 有澤好洋
写真・動画撮影 ········ 安部俊太郎
撮影モデル ············ 竹田わか葉
DTP・印刷・製本 ······ 株式会社ジャパンマテリアル